L'ART MILITAIRE

PENDANT

LES GUERRES DE RELIGION

(1562-1598.)

MÉMOIRES DU MÊME AUTEUR :

Parallélisme des progrès de la civilisation et de l'art militaire, 1861.

L'Art des Indices, 1862.

Hannibal en Italie, 1863.

L'ART MILITAIRE

PENDANT

LES GUERRES

DE

RELIGION

PAR ÉD. DE LA BARRE DUPARCQ

MÉMOIRE

LU A L'ACADÉMIE DES SCIENCES MORALES ET POLITIQUES.

PARIS

CH. TANERA, ÉDITEUR

LIBRAIRIE POUR L'ART MILITAIRE, LES SCIENCES ET LES ARTS

RUE DE SAVOIE, 6.

1864

L'ART MILITAIRE

PENDANT

LES GUERRES DE RELIGION

(1562-1598).

Les guerres de religion commencent en France en l'an 1562 et offrent trois périodes distinctes qui se terminent, la première par la paix de Saint-Germain (1570), la deuxième par la paix de Beaulieu (1576), la troisième par l'édit de Nantes. Elles embrassent cinq règnes, une partie de celui de Henri II, ceux de ses trois fils, et une partie de celui de Henri IV. Pendant leur longue durée, elles ont donné lieu à une foule d'actions militaires qui en font une mine instructive, moins en ce qui concerne la grande guerre, qu'au point de vue de la petite guerre, de la guerre d'aventures. Elles se passent dans la seconde moitié du XVIe siècle, au seuil de ce fameux siècle de Gustave Adolphe et de Louis XIV qui ouvre la période moderne, et à la fin de ces temps qui tenaient encore de la féodalité et des autres coutumes du moyen âge. Sous ces divers rapports, leur histoire présente un intérêt spécial que nous allons chercher à dégager, surtout au point de vue militaire. Examinons donc les armées de ces temps, ce qu'elles accomplirent, les progrès qu'elles réalisèrent.

§ Ier.

RECRUTEMENT.

Dès que les troubles religieux éclatent, chaque parti obtient des renforts : le roi par les Suisses et par divers souverains étrangers, les protestants par l'Angleterre.

a. — *Suisses.* — Depuis Charles VII, nos monarques avaient employé des soldats suisses. Louis XI, par une convention, s'était réservé de pouvoir lever des troupes dans l'Helvétie : Charles VIII en avait eu plus de 8,000 à son service, et François Ier le double. Henri II continua cette tradition et y trouva des secours pour combattre et restreindre les troubles religieux. Une convention conclue en 1567, entre lui et les cantons, assura des soldats suisses à la couronne de France jusqu'en 1671. Ce traité promet 16,000 combattants au maximum ; le roi doit en enrôler au moins 6,000 ; l'engagement dure quatre années pour chaque régiment. Les fils et successeurs de Henri II entretinrent les mêmes troupes suisses, dont l'effectif pendant les guerres de religion ne paraît pas, en présents sous les armes, avoir dépassé 6,000 hommes.

Si des suisses ne se faisaient pas scrupule de venir dans les rangs protestants lutter contre ceux de leurs compatriotes officiellement classés sous la bannière royale, c'étaient, il faut le dire, des suisses pris individuellement, car les dernières capitulations, passées avec le conseil fédéral, stipulaient dispense de combattre les armées où figuraient déjà des régiments suisses. Les suisses qui consentaient à combattre contre la bannière royale de France, le faisaient donc pendant les guerres civiles *sans l'aveu* (1) *des cantons* (2). Quant à supposer que les suisses au service du roi professaient tous

(1) *Histoire des troupes étrangères*, par Fieffé, t. I, p. 54.

(2) Au moins jusqu'en 1586. A cette date, les cantons évangéliques permirent aux protestants français d'enrôler trois régiments forts de 16,000 hommes, ce que « l'influence de la couronne française sur la confédération avait jusqu'alors empêché, » assure M. Ranke, qui s'appuie sur un manuscrit de Berlin, les *Mémoires de Sillery*, embrassant de l'année 1587 à 1593. Voyez son *Histoire de France aux XVIe et XVIIe siècles*, traduction Porchat, t. II, p. 55.

la religion catholique, je n'en ai rencontré aucune preuve certaine, et ce serait faire un grand honneur à la conscience du soldat (1); n'oublions pas qu'un contemporain, Claude Haton (2), a écrit : « c'est grand'pitié que la guerre : je crois que si les saints du paradis y allaient, en peu de temps ils deviendraient diables. »

Parmi les priviléges dont jouissaient alors les troupes suisses en France, figure celui d'obtenir un certain nombre de soldats français pour les garder, les conduire à l'intérieur du pays, et aussi sans doute pour leur faciliter les relations avec les habitants. En octobre 1581, je trouve 8 soldats français assistant de la sorte un corps de 800 suisses.

b. — Renforts offerts au Roi par les Souverains étrangers. — Au début des guerres de religion, plusieurs souverains craignent qu'elles ne menacent l'existence de la royauté autant que la religion catholique, et se proposent de soutenir le gouvernement français : ils offrent des troupes ; ce sont en 1563, outre le Pape (3), le roi d'Espagne (4), les ducs de Savoie, de Ferrare et de Florence (5).

(1) En 1585, Henri III recruta indistinctement dans les cantons des deux communions. *Guerres de religion de* 1585 *à* 1590, par M. le général Moline de Saint-Yon, 1er article, *Spectateur militaire*, avril 1834, p. 7.)

(2) *Mémoires* dans les *Documents inédits sur l'histoire de France*, p. 843.

(3) Le Pape envoya en 1569 un secours de 3,000 fantassins et 1,200 chevaux.

(4) Plus tard, en 1567, l'Espagne (ou tout au moins le duc d'Albe, gouverneur des Pays-Bas) se montra moins bien disposée pour le roi de France, et, après beaucoup d'ostentation en sa faveur, ne fournit aucun secours réel. — En 1569, après la bataille de Jarnac, le duc d'Albe envoya 2,000 fantassins et 2,500 reitres.

(5) *Relations des ambassadeurs vénitiens* dans les *Documents inédits sur l'Histoire de France*, t. II, p. 101.

Plus tard, le duc Jean Guillaume de Saxe, le margrave de Bade, envoient également des renforts au parti royal (1). L'Empereur lui-même en promet en 1564 pour le maintien de la religion catholique dans toute la France (2).

c. — *Secours fournis par l'Angleterre aux Protestants.* — L'Angleterre se fit l'alliée des protestants par zèle religieux. Le manifeste même d'Elisabeth à ce sujet en fournit la preuve : loin de déclarer la guerre au roi de France, elle y annonce prendre les armes uniquement pour sauver de l'oppression et du massacre les sujets *de son bon frère.*

Outre les suisses et les *alliés*, il existait encore, pour les armées françaises de cette période, cinq modes de recrutement qu'il impose de mettre en relief. Ce sont l'arrière-ban, les volontaires gentilshommes, les enrôlés volontaires à prix d'argent, les troupes de bourgeois, les mercenaires autres que les suisses, c'est-à-dire levés sans capitulation consentie de gouvernement à gouvernement.

1° *L'arrière-ban.* — L'arrière-ban formait déjà un rouage militaire fort usé (3), sans doute en raison de ce qu'il était d'origine et de constitution féodales : depuis l'ordonnance du 9 février 1547, il se composait exclusivement de cavalerie. Son existence pendant les guerres de religion ne fait pourtant aucun doute, moins parce que Louis XIV s'en servit plus tard (4), que par le motif de sa mention officielle répétée alors

(1) Jean-Guillaume de Saxe, tige des princes de Saxe-Weimar, amena 5,000 reîtres à Charles IX en 1568.

(2) *Mémoires de Castelnau*, V, 5.

(3) La Noue consacre son discours XI à « redresser et régler les arrière-bans de France, de telle sorte qu'on puisse en tirer quelque service. »

(4) En 1674.

au moins trois fois : la 1re en 1579, dans l'édit de Blois qui parle du commandement du ban et de l'arrière-bac (1) ; la 2e en 1590, quand le duc de Mayenne, dénué de soldats, convoque le ban et l'arrière-ban (2) ; la 3e quand Henri IV contraint l'arrière-ban de se rendre au siége d'Amiens (1597).

En quoi consistait le service de l'arrière-ban ? Sous Henri IV, il se réduisait à *six* jours. Avant ce monarque il montait à deux mois, au moins d'après les ordonnances, mais ceux qui s'y trouvaient astreints, montraient de médiocres dispositions, et semblaient tenir à l'honneur d'en faire partie uniquement pour l'exemption de taille qu'il procurait (3). « Ceux qui sont, écrit à ce sujet Jean de Tavannes dans la *Vie* (4) de son père, qui sont semonds (convoqués) par leur devoir et contraints de l'arrière-ban de servir deux mois, iceux passez, croient en avoir trop faict ; » et il dit ailleurs : « les gentilshommes ne doivent être forcés de demeurer aux armées par qui ne veut pas en être mal servi... Les compagnies composées de soldats se maintiennent mieux que celles de gentilshommes. »

(1) Article 319.

(2) Voyez *Procès-verbaux des Etats-Généraux de* 1593 publiés par M. Auguste Bernard dans la collection des *Documents inédits sur l'Histoire de France*, 1842, p. XL.

(3) La noblesse jouissait de l'exemption d'impôts, seulement en raison du service militaire personnel qu'elle devait : aussi, dans la deuxième moitié du règne de Louis XIV et sous Louis XV, alors que ce service militaire des nobles tombait en désuétude, leur exemption des impôts généraux (autre que la faible indemnité demandée par Louis XIV en 1675 pour remplacer le service du ban et de l'arrière-ban), devint une inégalité choquante, dont la suppression avant 1789 eût été d'une sage politique.

(4) Année 1569. Dans la collection Petitot, t. III de la *Vie de Gaspard de Tavannes*, p. 124.

2° *Les volontaires gentilshommes.* — Depuis François Ier, on appelait exclusivement *volontaires* les hommes de qualité qui, dénués de grade ou d'emploi, et n'ayant ni solde, ni prestation quelconque accordée à la troupe, se réfugiaient sous le drapeau par désir de gloire ou d'instruction dans le métier des armes. Ils accouraient en général la veille d'une bataille ou d'un assaut, et on leur réservait un poste périlleux, plutôt d'officier que de soldat : leur exemple stimulait l'armée, mais leur élan irréfléchi et indomptable suscitait souvent plus d'un embarras. Il en avait paru beaucoup à la bataille de Cérisoles ; en 1552 sous les murs de Metz, l'armée de Henri II en contenait 500 à cheval avec leur suite (1) ; les guerres de religion en offrent encore un grand nombre. Ainsi, en 1569, Montluc vient rejoindre à Toulouse le maréchal d'Amville, escorté de 60 gentilshommes (2) ; ce maréchal en compte bientôt plus de 300 sous sa cornette. L'année 1574 Matignon, marchant contre Montgommery, est joint, dit Davila « par plusieurs gentilshommes et volontaires, lesquels excités par les commandements du roi et de la reine, qui avaient grandement à cœur cette entreprise, s'étaient offert *à servir sans paye* (3). » Au début de 1589, lorsqu'il commence la guerre en Bourgogne pour le roi, Guillaume de Tavannes assemble jusqu'à 50 gentilshommes de ses amis, qui lui forment un petit corps de cavalerie cuirassée. L'assassin du duc de Guise, Poltrot de Méré, était un volontaire ; Castelnau dit de lui : *un jeune soldat* ; le qualicatif *jeune*

(1) *Mémoires de Vieilleville,* IV, 14.

(2) Il dit un peu plus loin : « Arrivés à Aire, nous nous trouvâmes plus de six vingt gentilshommes. »

(3) Davila, *Histoire des Guerres civiles,* livre V, traduction Baudoin, in-4°, t. I, p. 294.

est de trop, car Poltrot avait alors 38 ans et l'on prenait les armes dès 17 ans (1), mais le mot *soldat* demeure.

Ces volontaires avaient des places d'honneur, au moins dans l'infanterie, quand ils venaient aux armées, savoir une place d'*anspessade* (2) à 30 livres par mois, ou une *paye royale* à 4 livres par mois, lesdites places données non par les capitaines de compagnie, mais par les lieutenants de roi des villes frontières (3) : se jetaient dans l'infanterie ceux qui n'avaient pas moyen de se mettre à cheval.

On comptait beaucoup de volontaires dans les troupes protestantes, ce qui obligeait souvent leurs chefs à des ménagements envers elles (4).

3° *Les enrôlés volontaires à prix d'argent.* — Cette sorte d'enrôlés subsista et alimenta principalement les armées françaises jusqu'au tirage à la milice institué par Louis XIV, ou plutôt, car ce tirage produisit peu de recrues, jusqu'à l'établissement de la conscription. Le roi seul avait le droit de lever des troupes (5), mais s'enrôlait qui voulait : l'appât, pour le

(1) C'est l'âge auquel débutèrent réellement Montluc et Grillon.

(2) L'anspessade n'était pas alors simplement un soldat appointé, classé au-dessous du caporal ; c'était, d'après son traitement, un semi-officier ; il correspond à l'*appointé-gentilhomme* de la compagnie de cavalerie de La Noue. (Voyez le § V de ce *Mémoire*.)

(3) *Mémoires de Vieilleville*, IV, 13 ; il existait par compagnie, en 1552, 4 payes royales et 12 anspessades.

(4) L'amiral « .....afin de n'incommoder ses gens, qui *pour être volontaires*, ne pouvaient ou ne voulaient plus souffrir la fatigue de loger à découvert, s'éloigna d'une demi-lieue, et mena toute son infanterie loger à Bassac, village assez gros. » Davila, *Histoire des Guerres civiles de France*, livre IV, traduction Baudoin, 1657, Paris, t. I, p. 209.

(5) Au tome III de ses *Détails militaires* (1750, p. 131), Chen-

faire, consistait dans une prime d'argent accordée au moment de l'enrôlement. Un capitaine, ayant reçu commission à cet effet, faisait *sonner le tambourin* par les villes (1) et villages, puis recevait par lui-même ou par des sergents les engagements de ceux qui se présentaient : ce capitaine était en général un officier connu, déjà initié aux secrets de la guerre, et comme tel capable d'inspirer la confiance aux soldats qu'il levait, car c'était ensuite lui qui les commandait et les menait en campagne, organisés en bande ou en régiment. Dans les moments de presse on recourait quelquefois à des capitaines *nouveaux*, et le recrutement s'effectuait à la hâte, d'où l'expression de « *gens ramassés* (2) » que l'on rencontre chez les historiens. Les levées s'opéraient à la fois pour gens de pied et gens de cheval, mais, sauf peut-être pour les corps

nevières cite l'ordonnance du 26 décembre 1583 comme interdisant à tous les sujets du Roi de faire aucune levée sans l'autorisation expresse de Sa Majesté, autorisation portée par ses lettres-patentes, signées de sa main, contresignées par un secrétaire d'Etat scellées du grand scel, sous peine de rébellion et lèse-majesté. Cette ordonnance corrobore celles de septembre 1543 et janvier 1544. Entre 1544 et 1583, il ne paraît pas y avoir eu d'ordonnance rendue à ce sujet, car cet auteur, premier commis de la guerre, en eût parlé.

(1) Certaines villes semblent avoir eu le privilége qu'on ne levât pas chez elles, ou du moins, la population (par exemple, celle de Toulouse en 1562) le prétendait dans les temps de troubles et allait jusqu'à *battre* les tambourins alors envoyés par les capitaines. Voyez l'*Histoire de Georges Bosquet sur les troubles advenus en la ville de Toulouse en* 1562, p. 70, dans le *Recueil de pièces historiques relatives aux guerres de religion de Toulouse*, Paris, 1862, chez Abadie.

(2) *La vraie et entière histoire des troubles et guerres civiles*, par le Frère, Paris, 1584, chez La Noue, t. II, p, 627.

mixtes, par des officicers différents. Elles s'effectuaient pour compléter les compagnies existantes pendant que ces compagnies tenaient garnison (1).

On s'enrôlait alors pour un temps fort court, trois mois par exemple, ce qui indique combien l'armée était loin d'être permanente dans le sens que nous attachons aujourd'hui à ce mot : il dut y avoir pendant les guerres civiles des enrôlements encore plus courts, mais plutôt dans les troupes protestantes ou de la ligue que dans les troupes royales (2) : sous le drapeau du roi en effet les gens d'ordonnance et même les gens de pied ont plus le caractère d'être *entretenus;* du côté des protestants et des ligueurs ce sont plus des volontaires, non pas gentilshommes (nous venons de parler de ceux-ci), mais bourgeois ou artisans (3).

Existait-il un acte d'engagement signé par l'enrôlé et le chef qui l'enrôlait? aucune trace précise ne nous a mis à même de répondre à cette question d'une manière satisfaisante. Dans les temps réguliers, nul doute qu'il n'y eût une espèce de procès-verbal dressé de concert entre l'enrôlé et le recruteur, et probablement ratifié par le commissaire des guerres, mais pendant les troubles religieux, le fait semble moins certain.

Il paraît que l'on avait *le droit* de quitter la maison paternelle pour se faire soldat : « En 1552, écrit Vincent Carloix,

(1) « ...... Peu d'infanterie, de laquelle estant distribuée par les garnisons, les capitaines s'en allèrent pour faire de nouvelles creues (recrues) de leurs compagnies. » *Histoire des troubles et Guerres civiles*, par Le Frère (1584, t. 1, feuillet 353, au recto).

(2) Je n'ai pas rencontré de preuve de l'enrôlement *pour un* mois indiqué dans quelques auteurs modernes.

(3) Guillaume de Tavannes établit cette distinction et en déduit la supériorité des troupes royales. Lisez ses *Mémoires*, année 1585.

toute la jeunesse des villes *se desroboit* de père et mère pour se faire enrôler, et la plupart des boutiques devenaient vuides de tous artisans, tant était grande l'ardeur (1). » Ce droit, ne l'oublions pas, a toujours subsisté en France (2), et aujourd'hui encore il ne se trouve limité qu'au-dessous de 20 ans (3).

Les enrôlés volontaires font partie de ces bandes françaises, dont deux ou trois furent réunies à partir de Henri II, puis définitivement sous Charles IX (4) pour former un régiment, mais qui se prolongèrent longtemps encore dans cet état, parce que la bande, moins nombreuse, multipliait les commandements isolés et restait plus maniable, deux circonstance qui convenaient à ces temps de lutte civile.

Les capitaines de ces bandes ont des noms d'emprunt qui souvent les assimilent aux condottieri italiens. L'un s'appelle *Main-ferme* et n'aime pas en effet à capituler avec l'ennemi (5) : l'autre se nomme le *capitaine Fainéant* (6) ; un troisième, fils d'un hôtelier de Nogent, au lieu de porter son nom patronymique de Virelois, adopte celui de capitaine Beaulieu, seigneur de Fay (7).

4° *Les troupes de bourgeois.* — Les villes entrenaient des troupes pour leur défense : elles furent obligées, en ces

(1) *Mémoires de Vielleville*, IV, 13.

(2) L'article 374 du Code civil le consacrait.

(3) Il faut au-dessous de 20 ans le consentement du père ou de la mère, ou du tuteur autorisé par le conseil de famille. *Loi du 21 mars 1832 sur le recrutement*, art. 32.

(4) En 1561 : les régiments apparaissent donc un an avant le début des guerres de religion. (Voyez le § V de ce *Mémoire*).

(5) L'un des officiers de la garnison d'Ardres en 1596. — Davila. *Histoire des guerres civiles*, livre XV, t. II, p. 537.

(6) De la Rue au Ry, *Mémoire de Claude Haton*, p. 265.

(7) *Mémoires de Claude Haton*, p. 1028.

temps de trouble, de les augmenter et de les mieux armer; Rouen et les grandes cités pouvaient mettre sur pied un nombre d'hommes considérable, qui allait en 1563, pour la première de ces villes, à 30,000 (1). Quelques-unes de ces milices bourgeoises figurèrent dans les armées, témoins les 800 cavaliers « la plupart gens de ville et marchands, » et les 1,200 hommes de pied « pour la plupart artisans, » avec lesquels le prince de Condé apparait sous Paris pour l'assiéger en 1562 (2), témoins également les compagnies bourgeoises de Dieppe qui combattirent dans la journée d'Arques pour Henri IV; mais ce fut un fait rare, ces milices combattaient plutôt pour la défense de leur cité, *pro aris et focis*. Ainsi le parlement de Paris, par ordonnance du mai 1562, prescrivit aux catholiques de la capitale de se mettre en armes par quartiers. Ainsi, en 1568, Cursol, organisant la garde du passage d'une rivière par ordre du roi, rompit les ponts et les gués, puis ordonna aux *communes* mêmes de chaque bourgade de s'assembler au son du tocsin, en cas que les protestants s'ingérassent de passer outre (3). »

Un motif, tout autre que la nécessité de leur présence au milieu de la ville qui les formait et les soldats, peut expliquer la rareté de l'appel des bourgeois aux armées : c'étaient de mauvaises troupes, se composant de la même façon que les compagnies d'aventuriers, mais ne possédant pas le

(1) *Mémoire de Vieilleville*, IX, 18.

(2) *Id.*, VIII, 35.

(3) *Vraie histoire des troubles depuis* 1562, attribuée à la Popelinière, 1573, feuillet 145 au recto. L'expression *communes*, employée ici par l'auteur pour désigner les milices bourgeoises, se rencontre rarement dans les écrits contemporains des guerres de religion.

même esprit militaire. Qu'on se figure par exemple la ville de Pons ayant en 1567, pour lieutenant de sa milice à pied, un teinturier nommé Prieur, dit le capitaine *Boittout*, d'abord protestant, puis catholique, lequel en 1578 voulut se faire capitaine indépendant, ramassa 50 pendards, en fut promptement abandonné, s'enrôla alors dans une compagnie de gens de cheval, et finalement succomba sous les coups de mauvais garnements qui l'assommèrent.

Pour rendre les compagnies de bourgeois meilleures, on les mêlait avec d'autres soldats : d'Andelot par exemple, assiégé dans Orléans (février 1563) par le duc de Guise, fusionne « les compagnies des habitants de la ville avec les soldats forains qui étaient mieux aguerris (1). »

5° *Les mercenaires.* — Nous entendrons parler ici des soldats étrangers, autres que les suisses, de ces soldats dont un auteur allemand a écrit : « Les étrangers furent nombreux en France pendant les guerres de religion, mais ils nuisirent autant qu'ils servirent (2). » On les recrutait un peu partout, dans le Brabant, en Allemagne surtout, ce pays dont les habitants réclamaient comme un droit la faculté d'aller se mettre à la solde de qui bon leur semblait (3), et que Coligny déclare « une perpétuelle et inépuisable minière de gens de guerre. » A leur arrivée en France, il fallait ordinairement aller les chercher sur la frontière et les accompagner jusqu'à l'armée qui les attendait, sinon ils ne voulaient point entrer.

Il y eut des deux côtés des mercenaires allemands reîtres

(1) *Histoire des troubles et guerres civiles*, par Le Frère, 1584. t. I, feuillet 198 au verso.

(2) Lisez *Geschichte des Kriegswesens*, t. III, Berlin, 1833, chez Herbig, par Brandt, p. 728.

(3) Voyez mon *Histoire de l'art de la guerre*, ch. VIII, § IV.

et lansquenets (1) et ces auxiliaires se maintinrent dans cette double position durant tous les troubles. Ce fut en effet presque (2) toujours en vain (3) que le roi écrivit aux princes de l'empire qui affectionnaient les protestants, de ne les secourir parce qu'ils étaient *rebelles* (4). En vain également proposa-t-il (1568) aux protestants de renvoyer leurs reitres et de n'en plus employer, promettant d'en faire autant de son côté (5) En vain aussi Charles IX épousa (nov. 1570) Elisabeth d'Autriche, espérant que son beau-père s'opposerait aux levées de reitres (6).

(1) Rappelons qu'un siècle auparavant Commines disait : « Les lansquenets haïssent naturellement les suisses, et les suisses eux. » *Mémoires*, VIII, 21.

(2) Cette restriction est nécessaire, car en 1562, les capitaines de gens de pied allemands (lansquenets) avaient signé un certificat remis à M. de Vieilleville, depuis maréchal, alors en mission auprès de l'Empereur, par lequel ils s'engageaient *à ne marcher que pour le service du roi*, et ils tinrent parole cette année-là. (Voyez les *Mémoires de Vieilleville*, VIII, 35.)

(3) Consultez à ce sujet les *Archives ou correspondance inédite de la maison d'Orange-Nassau*, Recueil publié à Leyde en 1835-1836 par M. Groen van Prinsterer, conseiller d'État, t. III, p. 163, 164, 333, 334.

(4) *Mémoires de Castelnau*, IV, 2 et 3. Les reîtres étaient des cavaliers et les lansquenets des fantassins : on lit pourtant dans cet auteur l'expression « cinq mille chevaux reîtres. »

(5) *Mémoires de Castelnau*, VI, 9.

(6) *Vie de Gaspard de Tavannes*, t. III, p. 185. Toutefois, les princes allemands, nos alliés, empêchèrent plus tard de lever chez eux, si ce n'est pour le roi de France : ce fut quand Henri IV régna sur notre pays. Reportez-vous à la *Correspondance de Henri IV et du Landgrave de Hesse Maurice-le-Savant*, publiée par M. de Rommel, 1840, p. 191.

Les reîtres exigeaient la solde entière du mois commencé au service de qui les louait : on le vit en 1568, après la trève et l'édit de Lonjumeau, alors que Castelnau eut tant de peine à faire sortir de France ceux du prince Casimir. Quand on les retenait pour servir plus tard, mais sans les lever encore, on leur donnait habituellement une avance de solde, dit *aufgeld* (1) en leur langue, et que nous appelons des arrhes.

Ces reîtres, et en général tous les mercenaires allemands ou plutôt leurs capitaines, exigeaient aussi qu'on leur payât jusqu'à la fin de la guerre le nombre exact d'hommes enrôlés et amenés par eux, et cela quelles que fussent les pertes éprouvées par leur corps de troupes dans les hasards de la lutte.

Les suisses et les allemands ne furent pas les seuls étrangers combattant à cette époque dans les rangs français, puisque l'on parlait en 1569 cinq ou six langues dans l'armée royale (2).

On blâmait déjà à cette époque l'emploi des mercenaires ; la fortune remise entre leurs mains, disent plusieurs contemporains, est périlleuse ; pourquoi donc y recourait-on si abondamment ?

Le motif pour lequel on entretenait, des deux côtés, des mercenaires étrangers, c'est que le mode de recrutement qui devait fournir le plus, celui des volontaires enrôles avec

(1) *Mémoires de Guillaume de Tavannes*, p. 421. — Il y avait aussi le *wartgeld* et l'*anrittgeld;* mais, au lieu de ces deux avances à des époques marquées, on paraît n'avoir connu en France que l'*aufgeld*. — La solde des reîtres se comptait à raison de *trente* jours par mois, usage encore suivi par notre administration militaire, en ce qui concerne les officiers.

(2) *Vraie histoire des troubles depuis* 1562 (attribuée à la Popelinière) in-12, La Rochelle, 1573, feuillet 270, au recto.

prime était loin de suffire ; non-seulement il ne procurait pas assez de soldats durant les guerres civiles, où il y avait deux camps à alimenter, mais il n'en donnait pas assez de temps de calme politique au gouvernement royal. Ce fait, la société du temps ne l'apercevait pas, et il resta voilé pour la France jusqu'à la révolution : chacun se contentait de voir, dans les suisses, les reitres ou les lansquenets des suppôts du pouvoir, et disait volontiers avec Cyrano de Bergerac : « Nous sommes la proie de ces nations barbares ; et sans doute on les emploie, afin que, nous ôtant le moyen de nous faire entendre, nous ne puissions émouvoir leur compassion (1). »

C'était pourtant un grand fait social que cette insuffisance des enrôlés à prix d'argent, car en forçant à l'emploi des mercenaires, elle faisait sortir de l'argent (2) de France, puisque ces mercenaires emportaient leur solde chez eux, tandis que les soldats français l'eussent dépensé dès sa réception et fait circuler rapidement (3). Elle en faisait également sortir plusieurs jeunes gentilshommes que leurs parents envoyaient en Allemagne, espérant que leur connaissance de l'allemand les ferait employer aux levées des reitres qui semblaient se perpétuer au service des partis pendant les guerres civiles de France (4).

(1) Lettre sur le blocus d'une ville, écrite en 1639, p. 114 de la 2e édition de ses *Œuvres comiques, galantes et littéraires*, publiée en 1858 par le bibliophile Jacob.

(2) On pensait et parlait alors ainsi dans le sens économique.

(3) Cette exportation de l'argent français et les entraves mises au labour, voilà les deux principales plaies de nos guerres civiles. *Vie de Gaspard de Tavannes*, année 1570, t. III, p. 179.

(4) *Vie de Gaspard de Tavannes*, année 1562, t. II, p. 381. Cela dura peu, la cavalerie française ayant bientôt réussi à battre les reîtres.

Jamais, du reste, pendant les guerres de religion, les armées ne se recrutent en France par des milices ou *levées forcées :* à chaque chef est donnée « commission de lever tous gens de guerre *qu'il trouverait* (1). » On peut invoquer comme preuve d'autres témoignages. Jean de Tavannes dit par exemple, dans la vie de son père : « Il faudrait lever, tant de la noblesse que des villes, une grande quantité d'hommes *non volontaires, mais forcés*, contraints d'aller, à la guerre, avec punition exemplaire s'ils retournaient dans leur pays (2). »

Il faut donc appliquer uniquement au ban et à l'arrière-ban, en un mot à la noblesse et à ses serviteurs, presque tous cavaliers, l'assertion commune que chacun en France pouvait, pour quelques deniers, *acheter son exemption du service* (3). Pour eux le propos semble vrai, car Michel de L'Hospital se plaint de ce que la nation française abandonne les armes pour se tourner vers les sciences, les arts, les travaux agricoles : « il faut bien, dit-il, chercher des auxiliaires au-delà du Rhin et de l'Elbe, sans quoi notre patrie abandonnée deviendrait la proie des Espagnols. » Cet aveu implique et peu d'esprit militaire et peu d'empressement pour le service.

(1) *Mémoires de Claude Haton*, p. 294.

(2) Année 1538, t. I, p. 293, dans la collection Petitot. Jean de Tavannes explique qu'il « faudrait choisir un grand nombre de *non-mariez* et de *veufs.* »

(3) Il est certain qu'en 1675 et 1676, après son malheureux essai de la convocation de l'arrière-ban, Louis XIV convertit en impôt l'obligation de servir de la noblesse ; mais je ne connais pas d'ordonnance à ce sujet appartenant aux guerres de religion. — Même sans ordonnance précise, l'exemption pouvait être donnée frauduleusement par les personnes chargées de mettre l'arrière-ban sur pied, et il est probable que ce cas se présenta plus d'une fois. Voyez *Histoire de la milice française*, par le P. Daniel, t. II, p. 495.

§ II

EFFECTIF DES ARMÉES.

L'effectif total de l'armée française est assez difficile à déduire, alors que cette armée se divisait en deux camps, et que sa composition, de part et d'autre, n'offrait rien de fixe. L'armée royale, qui pourrait le mieux servir de type, comme étant la plus forte et constamment sur pied, reste elle-même sujette à de grandes fluctuations, preuves des misères du temps, preuves aussi de l'état peu avancé de la science gouvernementale et de la concentration politique qui lui permet de s'exercer fructueusement. Est-il au moins un chiffre que l'on puisse mettre en avant à son sujet? Au-dessus de cent mille hommes l'on tombe dans une exagération évidente (1). A ce chiffre même, l'on resterait au-dessus de la vérité ; Jean de Tavannes dit bien : « *cent mille hommes se peuvent lever en France*, et en demeurera dix fois autant (2); » mais il évalue et croit possible d'arriver à ce résultat, sans affirmer qu'il ait été atteint de son temps. Suivant un auteur compétent, ce chiffre appartiendrait seulement au règne de Louis XIII (3).

D'après une lettre du sieur de Tavelles au prince d'Orange, dans laquelle l'envoyé du maréchal de Cossé cherche à intimider Guillaume de Nassau et à l'empêcher d'entrer en

(1) C'est le fait de l'ambassadeur vénitien Jean Correro (*Relatione*, t. II p. 151) qui évalue, en 1569, l'armée française « à « 16.000 cavaliers portant la lance, plus de 100,000 fantassins, et « 2,000 cavaliers étrangers. »

(2) *Vie de Gaspard de Tavannes*, année 1536, t. II, p. 241 dans la collection Petitot.

(3) Bardin, *Dictionnaire de l'armée de terre*, p. 296.

Picardie, la France royale aurait eu à sa disposition en décembre 1568 au mininum 35,000 soldats nationaux et 14,000 étrangers : dans ces chiffres ne se trouve pas comprise la *grande quantité d'infanterie* (évaluation un peu vague) qui stationne près du roi (1).

A défaut de l'effectif de l'armée royale considérée dans son ensemble, portons notre attention sur les principales armées actives qui furent alors mises sur pied : ce sera toujours une portion du tableau dont nous aurions voulu pouvoir remplir le cadre.

En 1562, au moment de la bataille de Dreux, les protestants disposent de 4,500 chevaux et 7,000 fantassins ; les catholiques d'environ 2,000 chevaux, 15,000 fantassins, 22 pièces d'artillerie (2).

(1) *Archives de la maison d'Orange-Nassau*, par Prinsterer, t. III, p. 312-316.

(2) Voici le tableau de ces deux armées emprunté à un ouvrage composé sur des manuscrits, celui de M. de Mayer : *Galerie philosophique du XVIe siècle*, publié à Paris en 1783 : on pourra le comparer avec celui reproduit en tête du § III de ce mémoire.

ARMÉE ROYALE.

—

Le connétable.. 12 comp. de caval.
M[r] d'Amville.. 5 *Id.*
M[al] St-André.. 6 *Id.*
Mr de Guise.. 7 *Id.*
Un gros de gendarmerie.
22 enseignes de Suisses.
17 enseignes de Bretons et Français.
11 enseignes d'Allemands.
22 enseignes de vieux soldats français.
14 enseignes d'Espagnols.
Un corps d'enfants perdus.
22 pièces d'artillerie (8 au centre et 14 en avant-garde).

ARMÉE PROTESTANTE.

—

Condé à la tête de.... 150 lances.
Coligny.................. 120 —
La Rochefoucauld..... 80 —
Mouy et d'Avarel...... 60 —
11 cornettes de reîtres.
12 enseignes de lansquenets.
23 enseignes françaises.
Un corps d'enfants perdus.
5 pièces d'artillerie.

Dès l'année suivante les protestants reçoivent de l'Angleterre 2 régiments d'infanterie, soit 3,000 hommes (1) environ et 14 canons de gros calibre : leurs forces croissent donc, mais elles n'atteindront jamais au même chiffre que les armées royales.

En 1567, à la bataille de Saint-Denis, le connétable de Montmorency dispose de 16,000 fantassins, 2,000 cavaliers et d'un grand nombre de canons; le parti opposé met seulement en ligne 4 canons, 1,000 chevaux, 2,000 arquebusiers.

L'année qui suit, dès la nouvelle guerre amenée par le retrait de l'édit de Lonjumeau, le duc de Montpensier rassemble, outre les Provençaux, 4,000 chevaux avec 8,000 hommes de pied, et reste aux environs de Poitiers sur la défensive comme étant trop faible (2). Ainsi, 15,000 hommes environ ne paraissent pas suffire en ce moment aux royalistes pour s'aventurer : cela indique combien les protestants ont grandi, cela montre qu'ils obtiendront bientôt un traité de paix, leur garantissant certains avantages (3). Les royalistes le sentent et font de grands efforts, puisque nous voyons le duc de Nevers amener du Piémont cette même année 1568, au duc d'Anjou (depuis Henri III) 7,000 chevaux et 18,000 fantassins (4).

(1) Nous comptons en moyenne, par régiment, cinq bandes ou compagnies de 300 hommes chacune. (Voyez ci-après le § IV, *Infanterie.*)

(2) *Vie de Gaspard de Tavannes*, dans la collection Petitot, t. III, p. 44. et *Mémoires de Guillaume de Tavannes*, même collection, page 251.

(3) Celui de 1570.

(4) *Mémoires de Castelnau*, dans la collection Petitot, page 476. A côté de ce renfort important, mettons les suivants : le duc d'Albe

En 1569, ce dernier prince commande à Moncontour 24,000 hommes aidés de 15 canons, contre 23,000 hommes qui disposent de 11 canons.

En 1574, Matignon marche contre Montgommery avec 1,200 chevaux, 5,000 fantassins français et 14 pièces d'artillerie du château de Caen.

En 1587, le roi de France possède 8,000 Suisses et 14,000 fantassins français.

En 1589, l'armée du roi compte jusqu'à 42,000 hommes d'après Davila; jusqu'à 25,000 hommes seulement (dont 7,000 cavaliers), suivant Castelnau.

En 1590, sur le champ de bataille d'Ivry, Henri IV déploie 8,000 fantassins, 3,000 chevaux et six bouches à feu en face des 12,000 fantassins, 4,000 chevaux et quatre bouches à feu de Mayenne (1).

Ainsi, durant les guerres de religion, l'on guerroie avec de petites armées, et comme, de part et d'autre l'on se trouve faiblement pourvu d'argent, les accessoires manquent le plus souvent : de là un ordre, une mobilité due à la simplification de plusieurs des rouages, et par suite l'essor que prend l'art de la guerre vers sa voie moderne (2).

propose à Catherine, qui les refuse, 5,000 fantassins et 15,000 chevaux; Jean-Casimir amène 2,000 gens de pied et 7,500 cavaliers; un autre palatin, le duc Wolfgang des Deux-Ponts, conduit en France un corps montant à près de 17,000 hommes, cavaliers et fantassins.

(1) Dondini n'accorde à Mayenne que 11,000 fantassins et 3,000 cavaliers. Voyez son *Historia de rebus in Galliâ gestis Alexandro Farnesio*, 1670.

(2) Rocquancourt, *Cours d'art et d'histoire militaires*, 2e édit., 1831, t. I, p. 373.

§ III

ORGANISATION DES ARMÉES.

Il est difficile de préciser le mode d'organisation des armées de ce temps. Les historiens citent bien un avant-garde, une bataille et parfois une réserve (1), mais c'est plutôt un ordre pour la marche qu'une organisation réelle.

L'avant-garde est presque aussi forte que la bataille : on le voit dans la journée de Dreux. L'armée protestante comprend alors, d'après l'avis de Gaspard de Tavannes, une des meilleures sources historiques de l'époque, 900 combattants de moins à l'avant-garde qu'à la bataille, c'est-à-dire 1/7 environ ; ce septième manque en cavalerie, surtout en reitres, comme en fait foi le tableau suivant.

ARMÉE PROTESTANTE (1562).

Avant-garde :	400 chevaux français;
(Coligny.)	1,200 reîtres ;
	2,000 lansquenets ;
	1,500 hommes de pied français.
Bataille :	500 lances ;
(Condé.)	2,000 reîtres;
	2,000 lansquenets ;
	1,500 hommes de pied français.

Quant à l'armée royale, on y retrouve le même caractère

(1) « La façon française est de diviser la masse d'une armée en deux parts qu'on nomme *avant-garde* et *bataille*. Si l'armée est fort grande, on ajoute une *arrière garde*, ce qui fait trois parties : cette dernière est pour soutenir les deux premières, elle sert aussi à rallier, à arrêter les fuyards et les contraindre à faire tête. Cette façon d'agir semble prise des Romains. » *Vraie histoire des troubles depuis* 1562, La Rochelle, in-12, 1573, feuillet 276 au recto.

mais à un degré outré, au moins d'après nos idées actuelles : non-seulement l'avant-garde, comme effectif, s'approche de la bataille, mais elle la dépasse ; on peut s'en convaincre par ce détail :

ARMÉE ROYALE (1562).

Avant-garde :	19 compagnies de gendarmes ;
(Mal Saint-André.)	13 enseignes espagnoles ;
	13 enseignes françaises ;
	11 enseignes allemandes ;
	4 pièces d'artillerie.
Bataille :	20 compagnies de cavalerie ;
(Connétable.)	22 enseignes suisses ;
	17 enseignes françaises.
Corps à part (duc de Guise) :	500 chevaux.

L'avant-garde, remarquons-le, se compose ici de cavalerie et d'infanterie (1), et comme sa force atteint celle de la bataille, c'est au total un corps de même espèce que cette dernière : l'armée se trouve partagée en deux. Quelquefois elle contient en outre un corps à part, une espèce de petite réserve : à Dreux, ce corps était très-faible et comportait 500 chevaux.

Cette troisième partie d'une armée manquait au moyen âge, sauf chez les Suisses qui plaçaient leurs trois bataillons carrés en échelons, mais elle apparaît et prend une place fixe dans les habitudes militaires pendant les guerres de religion : Moncontour nous la montre existant des deux parts.

L'organisation d'une armée en commandements distincts, se déduit ainsi des chroniqueurs :

1 commandant d'armée, ordinairement chef de l'avant-garde ou de la bataille ;

(1) La pointe ou tête d'avant-garde se composait souvent d'un escadron chargé de combattre après les *enfants perdus*, témoin celui commandé par Martigues à Moncontour.

1 commandant spécial de la bataille ou de l'avant-garde ;

1 commandant de la réserve, habituellement maréchal de camp (1), c'est-à-dire chef d'état-major de l'armée.

Ainsi trois chefs suffisaient : quand le chef de l'armée était un prince, comme le duc d'Anjou, il prenait souvent le titre de généralissime, et avait sous ses ordres un commandant spécial pour chacune des fractions de l'armée.

Au-dessous de ces commandants supérieurs viennent les commandants de chaque arme ; il en existe au moins un pour les gens de pied, sous le titre de colonel-général de l'infanterie. Coligny, son frère d'Andelot, Montluc occupent successivement cet emploi. Ce colonel-général est le chef des capitaines de bandes, et centralise tout le pouvoir exercé sur les gens de pied.

La hiérarchie semble donc fort simple : un capitaine de bande, un colonel-général, un commandant d'avant-garde ou de bataille. Dans la cavalerie, le capitaine commande une compagnie ou un escadron.

Ceci nous amène à parler de l'organisation constitutive de chaque arme.

La cavalerie, encore plus nombreuse que ne le veulent les règles saines de l'art moderne, se constitue par compagnie dans la gendarmerie, et par escadron dans les reîtres et autres cavaliers. La compagnie de gendarmes ne dépasse guères 100 hommes, l'escadron de reîtres atteint 5 à 600 hommes.

L'infanterie se forme en bandes de 5 à 600 hommes également, puis en compagnies de 300 hommes (2).

En moyenne, dans une armée, on peut, vers le milieu des

(1) La charge de maréchal de camp ne devint un grade qu'en 1598.

(2) Ordonnance de mai 1579.

guerres de religion, évaluer la cornette (cavalerie), comme l'enseigne (infanterie) à cent hommes (1). Un chroniqueur du temps, dit en effet que « les protestants comptèrent à Pamprou (1568) 94 cornettes, et plus de 240 enseignes, le tout en Français, sans aucun étranger; *cent pour drapeau, le fort portant le faible* (2). »

Les trois armes ne se combinent pas encore entre elles d'une manière entendue et fixe.

Remarquons qu'il y eut des deux côtés, pendant les guerres de religion, diverses alternatives dans l'état des armées, à cause du plus ou moins de puissance que l'on possédait, à cause de la mauvaise situation des finances et des dispositions variables des alliés. Mais en général on peut établir que les armées actives, *au début*, ne valaient pas nos anciennes armées à l'extérieur, ce qui ne doit pas étonner, puisqu'elles représentaient ensemble la force militaire de la France, et que de leur séparation même et des désordres qui en étaient la suite, naissait un affaiblissement pour le pays.

1° *Comme effectif*, aucune d'elles, pas même l'armée royale, n'atteignit durant les troubles religieux, comme le montre le précédent paragraphe, le chiffre de 40,000 hommes

(1) On peut évaluer l'enseigne à 225 hommes; mais, au début des guerres de religion, il faut la considérer de 150 hommes environ. Ces différences montrent de quelles fluctuations les organisations de troupes, surtout celles de l'infanterie, furent alors l'objet.

(2) *La vraie et entière histoire des troubles et guerres civils advenus de notre temps*, par Le Frère, Paris, 1584, tome Ier, feuillet 309 au recto. Les cornettes de reîtres allaient parfois jusqu'à 267 cavaliers, puisque le même auteur (tome Ier, feuillet 341 au recto) parle de 7,500 reîtres divisés en 8 cornettes.

qui est celui de l'armée passée en revue sous les murs de Metz en 1552, par Henri II, et que l'auteur (1) des *Mémoires du maréchal de Vieilleville* appelle une « grande armée (2). »

2° *Comme constitution*, elles contenaient un grand nombre de corps improvisés, soit d'étrangers levés à la hâte, soit de bourgeois mis momentanément sur pied par nécessité... De là l'inexpérience des combattants : « Voilà encore un autre malheur que nous amena cette paix, écrit Montluc (3), au sujet de la pacification de 1562, d'avoir demeuré longtemps *sans pouvoir dresser de bons soldats.* » De là aussi une certaine confusion sentie par l'ambassadeur vénitien Barbaro quand il écrit en 1563 : « Il faut à la France un peu plus d'ordre dans ses armées (4). » Les troubles eux-mêmes étaient peu favorables pour la formation des combattants ; ils ôtaient aux officiers le temps d'apprendre la guerre et multipliaient les petites actions ; toutefois, dans la continuité des luttes civiles, de bons soldats surgirent, et si Henri IV, échappant au poignard de Ravaillac, avait exécuté son expédition contre la maison d'Autriche, ces vieux soldats dirigés par ses talents et son expérience militaires, lui eussent sans doute donné la victoire.

Malgré l'ignorance des officiers, les armées françaises réalisèrent des progrès pendant les guerres de religion, principalement à partir de Moncoutour (1569), grâce au génie de certains chefs dont nous parlerons plus loin (5), et, — chez les

(1) Vincent Carloix.

(2) Liv. IV, chap. XIII.

(3) *Commentaires*, liv. V, année 1562.

(4) *Relations des ambassadeurs vénitiens*, publiées par M. Tommaseo, dans la collection des documents inédits relatifs à l'histoire de France, t. II, p. 17.

(5) Au § XV.

royalistes, parce que l'on agissait dans un but constant, que l'on faisait une succession d'efforts, ayant une tendance déterminée, unique, — chez les protestants, parce que leur parti était plus compact, plus formé.

§ IV

INFANTERIE.

L'infanterie des guerres de religion ne jouit pas d'une réputation brillante pour ses relations avec les habitants de la France. Ecoutez plutôt Claude Haton, disant : « La bande du capitaine Michery, au nombre de 600 hommes et quasi autant de femmes (1) et goujeats... Ces 600 pendards étaient tous bannis, vagabonds, voleurs, meurtriers, renieurs de Dieu et de vieilles dettes, remenants (2) de guerre, reste de gibet, massacreurs,... gens mourans de faim. » Ce triste portrait s'applique aussi à la cavalerie du temps, mais à un degré moindre; nous y reviendrons en traitant de la discipline (3) ; il nous faut dire toutefois, dès à présent, que cette situation déplorable éloigna beaucoup de gentilshommes du service des gens de pied, et nuisit ainsi à la bonne composition et jusqu'à un certain point aux progrès de cette arme.

Cette infanterie se formait en bandes : la bande ou compagnie était la même chose ; vers cette époque elle se réduisit à 300 hommes (4), se trouvant auparavant beaucoup plus forte. L'enseigne paraît avoir été ordinairement la moitié de

(1) Le mot de l'original est plus expressif.

(2) Restes.

(3) Ci-après, au § XII.

(4) L'armée de Henri II comprenait, en 1552, cent compagnies de gens de pied à 300 hommes chacune. *Mémoires de Vieilleville*, IV, 13.

la bande. Quant au régiment il groupait plusieurs bandes. cinq par exemple, sous un même chef. Ces indications s'accordent avec un propos de Montluc, qui se rapporte à l'année 1568 : « J'avais départy en trois régiments nos trente enseignes (1). » On rencontre pourtant en 1569 un régiment de dix-sept enseignes levé par le baron des Adrets : il s'agit alors d'enseignes ou de compagnies beaucoup moins fortes, telles par exemple la compagnie de gens de pied français existant au début de janvier 1575 à Sainte-Enimie dans le Gevaudan, et qui comptait un capitaine, deux caporaux et 27 soldats, soit un effectif total de 30 hommes, effectif qui se retrouve plusieurs fois à cette date (2).

La bande se formait en carré ; mais si précédemment les rangs comme les files étaient à la distance d'un pas, il paraît que pendant les guerres de religion la distance devint variable pour les rangs et les files, et en même temps s'accrut. « Le carré de terrain et le carré d'hommes sont différents, articule Jean de Tavannes (3), en ce qu'en file il y doit avoir sept pas entre les rangs, et, en front, suffit de trois (4) entre chaque soldat : tellement que pour faire le bataillon carré de terrain à 60 de front, il ne faut que trente de file. La largeur

(1) *Commentaires*, liv. VI. — Je lis dans un autre auteur « trois « régiments de gens de pied, revenant à 33 enseignes (en 1562). »

(2) Monteil, *Hist. des Français des divers États, XVIe siècle*, station XLI, Le Pedescaux de Metz, note 23. La note 61 parle d'une *bande* de gens de pied français de 100 hommes (en 1590) et d'une *compagnie* de gens de pied français de 200 hommes (en 1605). Voyez aussi la note 76.

(3) *Vie de Gaspard de Tavannes*, réflexions placées sous l'année 1536, t. I, p. 243.

(4) Ailleurs je rencontre seulement un intervalle d'un pas entre les files.

du front, pour n'être enclos (1), est nécessaire, et l'extraordinaire épaisseur des bataillons, qui adviendrait si on les voulait faire carrés d'hommes, serait inutile. » Cet accroissement dans les distances offre ceci de singulier qu'il fait rétrograder au sujet de la formation tactique, et surtout vis-à-vis de la bataille de Cérisoles (1543) où Montluc mena ses fantassins au choc à distance serrée, en masse compacte; mais d'un autre côté, il est difficile de le nier, puisque sous Louis XIV, en 1703, nous rencontrons encore la distance de 4 m. entre les rangs, laquelle se réduit à 1 m. pour le combat.

Comme arme, l'infanterie continuait à gagner en importance. On s'en aperçoit quand, dans la journee de Dreux, le prince de Condé s'acharne principalement sur les Suisses, croyant ainsi obtenir la victoire. On s'en aperçoit mieux encore à cette opinion du moraliste Charron (2), dont la vie s'écoule pendant la période qui nous occupe : « les piétons tout simplement et absolument sont meilleurs : car ils servent et tout du long de la guerre et en tous lieux et en tous affaires ; là où aux lieux montueux, scabreux et estrois et à assiéger places, la cavalerie est presque inutile. Ils sont aussi plus-tost prets et coustent beaucoup moins ; et s'ils sont bien conduits et bien armés, comme il faut, ils soutiennent le choc de la cavalerie. Aussi sont-ils préférés par ceux qui sont docteurs en cette besogne. On peut dire que la cavalerie est meilleure au combat et pour avoir plus-tost fait, car les piétons n'ont pas si tost fait : mais ils agissent bien plus sûrement. » Ce plaidoyer en faveur de l'infanterie est d'autant plus remarquable que la cavalerie convenait aux opérations

(1) Pour ne pas être débordé par l'ennemi.

(2) *De la Sagesse*, liv. III, chap. III, § 25.

hardies et rapides qui ont signalé les guerres de religion, surtout depuis qu'elle réunissait l'emploi de quelques feux à une formation solide, circonstance qui lui rendit momentanément à cette époque un peu de sa prééminence passée (1).

Les fantassins ne marchaient pas encore très-promptement (2), si nous en croyons le témoignage de Jean de Tavannes : « les grandes troupes de gens de pied en chemins étroits mettront, dit-il, une nuit à faire trois lieues ; » il est juste d'ajouter que les *chemins* ne valaient pas ceux d'aujourd'hui.

Leur armement ne cause plus cette lenteur. En effet pendant les guerres civiles le corcelet est abandonné, le soldat plus libre, indiscipliné même, n'en voulant plus, et, malgré le vœu de La Noue, il n'est pas repris. Quant à la pique, elle disparaît peu à peu, et l'arquebuse la remplace, non-seulement parce que les armes à feu tendent à se multiplier en se perfectionnant, mais aussi parce qu'elle est plus légère et plus propre à l'escarmouche, au combat de tirailleurs : l'arquebuse et l'épée, voilà les deux armes principales du fantassin de ce temps. Quand nous disons l'arquebuse, nous ferions mieux de dire l'arme à feu, car le mousquet donné aux soldats les plus signalés, commence à détrôner l'arquebuse. Mousquet ou arquebuse présentent du reste le même inconvénient ; leurs mèches s'éteignent en cas de pluie et l'arme devint impuissante, comme cela arriva en 1569 à Coligny au combat de La Roche-Abeille.

Le mousquet succéda à l'arquebuse (3) et s'introduisit en

(1) Brunet, *Histoire de l'artillerie*, p. 333.

(2) Reportez-vous ci-après au § VII consacré aux *marches*.

(3) Voyez Brantôme, *Vies de Strozze et du duc d'Albe*.

France à l'imitation des Espagnols (1). Il était encore lourd, et on ne pouvait le tirer qu'en l'appuyant sur une fourchette: cette fourchette portait son poids total à près de 8 kilogrammes (2). On comprend combien avec un tel accessoire et chargé d'un tel poids, l'homme de pied devait être empêché dans ses mouvements, et il suffit de voir sur une gravure du temps (3) les nombreuses charges pendues à sa bandoulière, la provision de mèche attachée à sa ceinture, l'épée en *verrou* (4) qui termine son baudrier, la salade qui le coiffe, pour deviner et la complication et l'incommodité d'un semblable armement par rapport à celui de nos jours. Effectuer le tir du mousquet offrait une difficulté réelle dans la série de ses opérations : il fallait d'abord écarter la mèche (5) allumée pendant que l'on chargeait, et cela à peine de danger pour soi et pour ses voisins, puis une fois la charge achevée, raviver le feu de l'extrémité de cette mèche, enfin compasser sa longueur de façon qu'elle pût atteindre en s'abaissant le bassinet, et cela seulement à l'instant où l'on voulait faire feu. Au début beaucoup de piétons s'acquittaient mal du maniement de leur arme, « tournant en effroi et sursaut, dit Blaise de Vigenère, le visage d'un autre côté en arrière : »

(1) Bardin, *Dictionnaire de l'armée*, p. 3733. — Vieilleville croit l'avoir imaginé le premier (*Mémoires*, liv. VI, chap xv).

(2) Saint-Luc prétend qu'il y en avait de 14 pieds de long.

(3) Voyez la planche 3 du *Mémoire sur les opinions des militaires*, par Joly de Maizeroy, et la planche 43 de l'atlas de l'*Histoire des institutions militaires* de Sicard : consultez aussi la planche 46 de ce dernier.

(4) Portée presque horizontalement et par derrière le corps.

(5) C'était une mèche souffrée dont l'odeur suffisait pour déceler une embuscade (*Mémoire de Vieilleville*, VI, 25) et dont la lueur offrait aussi l'inconvénient de se voir de loin.

action que reproduisent près d'un siècle plus tard les janissaires (bien dégénérés il est vrai) quand ils approchent la mèche de l'amorce du mousquet (1), et qui montre à quel degré ce genre de tir était véritablement malaisé. Ajoutons qu'il devait s'opérer avec une grande lenteur, puisque Mauvillon nous montre, pendant la guerre de Trente ans, les impériaux mettant encore quatre-vingt-quatorze temps dans la charge du mousquet, ce qui présuppose une dizaine de minutes au moins pour charger et un quart-d'heure par coup tiré (2).

Les compositions ci-dessous de deux bandes font nettement voir comment varie la proportion des armes dans l'infanterie.

Bande vers 1580 (3).		*Bande à la fin du XVIe siècle* (4).	
Officiers et petit état-major.	9	Piquiers	160
Piquiers avec ou sans corcelet	109	Armes d'Ast (5)	40
Arquebusiers	82	Mousquetaires	80
		Arquebusiers	20
TOTAL	200	TOTAL	300

Dépourvue de piques, *alors que la baïonnette n'était pas inventée*, l'infanterie devenait impropre à produire ou à supporter un choc, ce qui l'exposait beaucoup, en plaine, aux

(1) Ranke, *les Osmanlis et l'Espagne aux XVIe et XVIIe siècles*; 1re partie *les Osmanlis*, article des milices. M. Ranke emprunte ce fait à une *Relazione* de 1637.

(2) On tire aujourd'hui plusieurs coups par minute : les fantassins du grand Frédéric allaient jusqu'à *six;* ceux des fantassins actuels de la Prusse qui portent le fusil *à aiguille* (un tiers environ de leur infanterie), atteignent la vitesse de cinq coups par minute.

(3) D'après l'*Art militaire* de Blaise de Vigenère, ouvrage achevé en 1593 et publié en 1605.

(4) *Vie de Gaspard de Tavannes*, t. I, p. 243. En réalité, ce sont deux compositions différentes de la même époque.

(5) Armes de la nature des lances, en ce qui concerne l'époque

coups de la cavalerie. « En somme, a dit dans ce sens La Noue, au 13e de ses *Discours*, l'arquebuserie sans piques, ce sont des bras et des jambes sans corps, ce qui est difforme. »

Les combats en éparpillement convenaient à cette époque de guerre civile, et il en résulte un amincissement dans la formation de l'infanterie : le nombre des rangs diminue de 35 (1) à 24 (2) et 20 (3), au moins théoriquement, car nous empruntons ces dernières profondeurs à des écrivains auteurs de projets ; mais il est probable qu'elles passèrent dans la pratique.

L'infanterie protestante était la moins bien armée. Manquant au début d'arquebuses, elle porta dans certaines contrées (4) les armes que le paysan trouve sous la main, le bâton, la fourche, la faux : plus tard même elle resta armée à la légère, maniant des arquebuses défectueuses, et quelquefois l'arme du combat extrême, le poignard.

Au début des guerres de religion, le bouclier apparaît encore comme un dernier vestige des précédents usages : suivant Brantôme, en 1562, pendant le siége de Rouen, occupé par les Huguenots, le capitaine Monneins, qui com-

moderne : chez les anciens, toute arme à hampe et à manche et se jetant à la main, comme le pilum, le javelot, le dard, la framée, etc.

(1) Profondeur des Espagnols à la bataille de Dreux.

(2) La Noue, *Discours politiques et militaires*, 18e discours, 2e paradoxe.

(3) *Observations militaires*, par de Saint-Luc, manuscrit du temps. Bibliothèque impériale, fonds Béthune, n° 7112. — La profondeur sur 10 rangs appartient à la fin du règne de Henri IV.

(4) En Auvergne, par exemple. Voyez *Histoire des guerres religieuses en Auvergne pendant les XVIe et XVIIe siècles*, par M. Imberdis, p. 71 et 105.

mandait la garnison du fort de Sainte-Catherine, était reconnaissable, dans les sorties qu'il effectuait, à sa rondache, ou bouclier garni de velours vert (1); mais la rareté d'une semblable mention montre que l'emploi du bouclier à cette époque constitue presque une exception, au moins pour les officiers. On rencontre aussi des *rondachiers* au siége de La Rochelle, en 1573, et il en figura dans quelques autres actions de guerre.

Il existait des compagnies formées de fantassins et de cavaliers, compagnies d'élite chargées de veiller à la sûreté d'un chef de guerre. Telle était « la compagnie de M. de Sainctorens, d'arquebusiers à cheval *et à pied*, que Montluc tenait toujours près de lui pour sa garde (2). » Le plus souvent ces compagnies étaient entièrement à cheval (Voyez le paragraphe suivant).

§ V

CAVALERIE.

La gendarmerie, créée par Charles VII, ne conservait pas son antique splendeur. A l'origine des guerres de religion, le nombre des suivants par cavalier se réduisait à deux ou un et demi, et chaque compagnie ne comprenait plus en général que 50 maîtres (3) : celles de 100 maîtres appartenaient aux princes et grands dignitaires. Le nombre des compagnies montait à 60 environ (4).

(1) Lisez *Vie de Crillon*, avec des notes par M. Fortia d'Urban, 3 vol. in-8°, 1825. t. I, p. 196.

(2) *Commentaires de Montluc*, liv. V, édition du *Panthéon littéraire*, page 245.

(3) Il y en avait de 70, 60, et aussi de 35 et 30 gens d'armes, particulièrement pendant les guerres de religion. Monteil, *Histoire des Français, XVIe siècle*, station XLI, note 88.

(4) *Relations des Ambassadeurs vénitiens*, t. II, p. 11. — Je crois cette indication de 60 compagnies trop faible.

Ces 50 maîtres n'étaient plus gentilshommes (1) : ceux-ci s'éloignaient du service dans le rang, au fur et à mesure qu'il cessait de constituer une position suffisamment brillante, et d'ailleurs ils ne convenaient plus au poste de simple soldat ; Jean de Tavannes le reconnait quand il dit (2) : « je conseillerais aux capitaines de se contenter de quinze gentilshommes dans le nombre de cinquante cavaliers. » Ajoutons qu'un grade militaire quelconque, celui par exemple de sergent dans les gens de pied, dispensait des preuves de noblesse quand elles étaient nécessaires pour s'enrôler, ou, suivant l'opinion des francs-archers, conférait un commencement de noblesse (3).

La cavalerie marchait vers son caractère moderne : de féodale, c'est-à-dire composée de combattants ayant un but individuel, elle allait devenir populaire (4) et ne comprendre que des soldats agissant suivant un but commun. Cette transformation décidait l'adoption de l'ordre en escadron.

Tous les contemporains émettent cet avis, confirment de la sorte le progrès réalisé par la cavalerie allemande qui, depuis des années déjà (5), possède des escadrons de reitres :

(1) En 1542, M. de Vieilleville comptait encore dans sa compagnie 50 hommes d'armes, dont le moindre avait deux mille écus de rente (*Mémoires de Vieilleville*, III, 15) ; mais c'était une rareté, ces gentilshommes comptant parmi ses amis.

(2) *Vie de Gaspard de Tavannes*, t. I, p. 209.

(3) Ordonnance de Blois, 1579, article 289.

(4) Rien ne prouve mieux ce caractère, ou l'abaissement de la qualité individuelle de chaque cavalier, que nos maréchaux choisissant pour un but spécial les meilleurs gentilshommes des compagnies d'ordonnance (*Mémoires de Vieilleville*, VIII, 13).

(5) Le système des escadrons était déjà en usage sous Charles-le-Téméraire.

ils ont vu, en 1562, à Dreux, le maréchal d'Amville se faire battre en chargeant les escadrons massifs de reîtres avec 300 chevaux rangés en haie (1), ou sur un seul rang, et cet exemple les a convaincus : « La raison naturelle, dit La Noue en son xve discours, veut que le fort emporte le faible, et que six ou sept rangs de cavalerie joints ensemble en renversent un seul. » Aussi propose-t-il d'admettre sept rangs de profondeur, ce qui donnera, remarque-t-il, « un front de 15 lances pour une compagnie de 50 hommes d'armes. » On voit par là que la lance ne comportait plus guère que deux hommes, l'homme d'armes et son valet comme nous l'indiquions aux premières lignes de ce paragraphe.

En adoptant les escadrons profonds sur 12 rangs au moins (2), la cavalerie royale commence à charger au trot et le fait assez souvent. Quant à la cavalerie protestante, elle demeure plus longtemps en haie, faute de nombre (3). Nous parlons de la grosse cavalerie ; la cavalerie légère fut fréquemment sur 16 rangs.

Henri IV réduisit à dix rangs la profondeur de la gendarmerie française et la plaça ordinairement sur 20 de front (4) : plus tard il se contenta de six rangs et on le vit à Ivry combattre à la tête d'un escadron formé sur cinq rangs (5).

(1) Suivant des auteurs, la cavalerie royale était sur *deux* rangs, mais c'est toujours une formation trop mince par rapport aux reîtres.

(2) Les premiers escadrons atteignirent jusqu'à dix sept rangs.

(3) Voyez les *Mémoires de Castelnau*, VII, 9.

(4) *Journal militaire de Henri IV*, par Valori, p. XIX.

(5) La cavalerie de ce monarque se divisait en petites troupes que l'on peut supposer échelonnées l'une derrière l'autre, mais je n'en ai rencontré aucune mention expresse : les *Commentaires de Mendoca* Edition de Bruxelles, 1860, t. I, p. 184) in-

Puisque 50 maîtres constituaient le chiffre le plus habituel (1) d'une compagne ou cornette (2) de cavalerie, quelle était l'organisation d'une compagnie de cet effectif? Voici le tableau que nous avons pu dresser.

COMPAGNIE DE GENDARMERIE (3).

(*Fin du* XVIe *siècle*).

	HOMMES.	CHEVAUX.
Capitaine	1	16
Lieutenant	1	8
Guidon	1	6
Maréchal des logis	1	5
Gens d'armes	50 ×	150 ×
Archers	100 ×	200 ×
Trompettes	2°	4 ×
Maréchal ferrant	1°	2 ×
Fourrier sellier	1°	2 ×
Chirurgien	1°	3 ×
TOTAUX	159	396

diquent seuls six escadrons rangés sur deux lignes, trois en première ligne, trois en deuxième : il s'agit d'escadrons espagnols.

(1) On donnait parfois à un chef de guerre la *moitié* d'une compagnie (*Mémoires de Vieilleville*, livre IX, ch. IV) ; mais c'était une compagnie d'élite, et on ne faisait ainsi que la dédoubler en la ramenant sans doute au chiffre susdit de cinquante hommes d'armes.

(2) Une cornette ou compagnie, c'est la même chose dans la cavalerie, si nous en croyons Montluc. « Sa compagnie d'hommes « d'armes et celles de..... faisaient le nombre de quinze cornettes « de gens d'armes. » *Commentaires de Montluc*, liv. VII, année 1569, édition du *Panthéon littéraire*, p. 343.

(3) Dans cette composition, les chiffres marqués d'un × sont de convention, mais cadrent avec l'esprit d'organisation du temps : les

Nous possédons un exemple complet de compagnies plus nombreuses, sinon comme effectif, au moins en cavaliers réels ou *maîtres*. Il se rapporte à la compagnie commandée dans les Pays-Bas, pour le compte des États généraux par La Noue Bras-de-Fer, et je le cite (1), parce que l'on peut supposer que ce chef renommé maintint quelques-uns des usages français dans son organisation, tout en adoptant les coutumes de la cavalerie espagnole plus perfectionnée comme organisation.

COMPAGNIE DE CAVALERIE DE LA NOUE (1579),

Première composition.

Officiers	Capitaine	1	3
	Lieutenant	1	
	Guidon	1	
Bas officiers	Maréchal des logis ou fourrier	2	5
	Maréchal ferrant	1	
	Chirurgien	1	
	Payeur	1	
Trompettes			2
Appointés gentilshommes			30
Cavaliers	Lanciers	50	120
	Pistoliers	50	
	Arquebusiers	20	
		TOTAL	160

autres chiffres résultent des revues manuscrites citées par Monteil, *Histoire des Français des divers États*, XVIe siècle, station XLI (t. V, p. 379) et note 93 : seulement ceux de ces chiffres surmontés d'un (*o*) appartiennent à une compagnie d'ordonnance de *cent* hommes d'armes.

(1) D'après la *Correspondance de François de La Noue*, publiée en 1854 à Gand, chez Duquesne, par M. Kervyn de Volkaersbeke.

Deuxième composition.

Officiers........	Capitaine....................	1	5
	Lieutenants..................	2	
	Guidon......................	1	
	Cornette....................	1	
Bas officiers.....	Maréchal des logis ou fourrier..	2	5
	Maréchal ferrant..............	1	
	Chirurgien....................	1	
	Payeur......................	1	
Trompette (inscrite aux lanciers).....................			1
Appointés gentilshommes (1)........................			30
Cavaliers.......	Lanciers....................	70	120
	Pistoliers....................	50	
		Total....	161

Ces deux compositions tirées de la même source diffèrent très-peu. Elles montrent que les cavaliers et aussi les appointés gentilshommes attachés à la personne du capitaine sont *à un seul cheval*, car nulle part on ne cite le nombre de leurs montures tandis qu'on le fait pour les officiers (2) : ainsi la lance ne comportait plus dans les Pays-Bas aucune suite, point essentiel à établir et chacun soignait son cheval, ce qui trente ans plus tôt ne se présentait que dans les arquebusiers à cheval et les chevau-légers (3), en un mot dans la

(1) On les désigne parfois ainsi : 12 *gentilshommes* (22 florins d'appointement mensuel chacun), et 18 *capitaines* (10 florins d'appointement mensuel chacun).

(2) Le capitaine a 9 chevaux, le lieutenant 6, le guidon et le cornette 3 : c'est moins que dans la compagnie de gendarmerie citée dans le texte.

(3) Les arquebusiers et les chevau-légers n'avaient point, comme les gens d'armes, des *suivants*. » Henne, *Histoire de Charles-Quint en Belgique*, t. III, 1858, p. 112.

cavalerie légère, dans celle qui ne portait pas la lance. Ces compositions montrent également que les cavaliers pourvus d'armes à feu avaient encore besoin d'être soutenus, puisqu'on maintenait à leur côté des lanciers en nombre à peu près égal, malgré les progrès des effets et de l'influence de la poudre.

Les compagnies de cavalerie commençaient déjà, comme celles d'infanterie, à se grouper pour constituer des régiments; elles se groupaient sous ce rapport par nombre variable, et bien entendu, beaucoup de ces compagnies restaient isolées. L'organisation par régiment se trouve antérieure, quant à ses débuts, aux guerres de religion : on la fixe ordinairement à 1561 pour l'infanterie et pour la cavalerie, mais c'est par rapport à la France (1); je croirais assez qu'on peut avancer cette date de quelques années, car on trouve des régiments dans l'armée de Charles-Quint dès 1554, et il me semble peu probable que la France n'ait pas aussitôt imité cette organisation très-commode comme simplification administrative (2).

La comparaison des deux compositions citées pour la compagnie flamande de La Noue, montre qu'on oscillait tantôt

(1) Le Père Daniel (*Histoire de la milice française*, t. II, p. 443) prétend que, dans la cavalerie, l'organisation régimentaire date seulement de 1635, et Sicard, dans son *Histoire des institutions militaires de la France* (1831, t. II, p. 432) adopte cette date : suivant nous, c'est une erreur; il y a eu antérieurement des régiments de cavalerie, mais, sans qu'ils fussent permanents, comme toutes les institutions militaires du temps sur lequel porte l'étude, objet du présent Mémoire.

(2) *Journal de l'armée*, 1832, t. II, p. 132. En Belgique, les bandes d'ordonnance (cavalerie) se groupaient par *cinq* comme nos bandes d'infanterie française (Voyez le § VI de ce Mémoire) pour former un régiment.

vers la lance, tantôt vers les armes à feu comme arme définitive du cavalier. La question se trouvait pourtant à peu près vidée, puisqu'il existait déjà des compagnies de cavalerie entièrement formées d'arquebusiers, compagnies de choix, il est vrai, et constituant souvent la garde d'un maréchal de France : telle était celle du capitaine La Barre, cédée en 1563 par le maréchal de Vieilleville au maréchal de Brissac (1). La transformation à ce sujet ne devint entière et les cavaliers n'eurent tous des armes à feu que vers la fin du règne de Henri IV (2). Auparavant, les valets des gentilshommes avaient déjà des arquebuses et procuraient quelques feux aux compagnies de gendarmes.

L'usage de la lance décroît par un autre motif que la multiplication des armes à feu, par l'adoption précitée de l'allure du trot pour la charge, allure qui diminue son efficacité, en même temps que la disparition des chevaux de grande taille, par de longues luttes, rend son maniement moins assuré.

Ainsi, dans les guerres civiles on charge au trot jusqu'à 25 pas environ de l'ennemi, et, quoique le cavalier fasse feu,— ce qui est contraire à sa destination, mais alors effrayait l'adversaire, — c'est un progrès réel : on allait même parfois au-delà, on galopait, La Noue l'affirme. Pour soutenir ces

(1) *Mémoires de Vieilleville*, IX, 19, 20. Le maréchal de Vieilleville se fit aussitôt une autre compagnie de *cent* arquebusiers commandée par un capitaine nommé Sainte-Colombe. — Bardin assure que l'Espagne entretenait dès cette époque, en 1567, des *mousquetaires* à cheval, et que ces mousquetaires avaient des cartouches (*Dictionnaire de l'armée de terre*, p. 1043).

(2) « Les pistolets, la carabine ou le mousqueton et l'épée sont devenus ensuite les seules armes de notre cavalerie. » *Essai sur la cavalerie* (par d'Autheville), in-4°, 1756, p. 251.

allures, on achetait des chevaux à l'étranger, la France n'offrant pas une bonne race de chevaux de guerre : on tenait beaucoup aux chevaux dont on était propriétaire, et il y avait pour les gens d'armes défense de les prêter.

La cavalerie de cette époque faisait encore les fonctions de l'infanterie en attaquant, par exemple, les barricades : ainsi, en 1589, à l'attaque du château de Cressey, en Bourgogne, Guillaume de Tavannes fait charger l'une des barricades par dix cavaliers.

La cavalerie française jouissait alors d'une excellente réputation (1).

En revanche elle possédait des priviléges ; ainsi les bas officiers, les officiers même, recevaient chacun, outre la solde de leur grade, celle d'homme d'armes, comme en fait foi cette quittance datée du 20 novembre 1560 : «... Confessons avoir reçu du... conseiller du roi, trésorier ordinaire de ses guerres,... la somme de cent livres tournois à moi ordonnée pour mondit état d'enseigne, outre et par-dessus ma place et solde d'homme d'armes (2). »

§ VI

ARTILLERIE.

Pendant les guerres civiles, dit un auteur moderne, « les armées belligérantes, royales, protestantes, ou de la ligue, s'efforçaient d'avoir autant d'artillerie que leurs ressources le leur permettaient ; ces ressources variaient suivant la for-

(1) Jean de Tavannes la prétend la meilleure de toutes : Marmont tient le même propos par rapport au XIXe siècle.

(2) Monteil, *Hist. des Français des divers États*, XVIe siècle, station XLI, note 80.

tune de la guerre, et l'importance des villes qui leur servaient d'arsenal (1). »

Nous ajouterons que ces ressources restèrent toujours faibles. Carrion-Nisas l'a déjà remarqué (2) au sujet des *huit* canons qui précédaient l'armée royale à Moncontour, et composaient, dit-il, tout son avoir : ici au lieu de *huit* canons, l'armée du duc d'Anjou en possédait *quinze*, comme nous l'avons précédemment indiqué au § II, mais c'est encore fort peu, surtout quand on compare ce nombre au chiffre de 140 bouches à feu que Charles VIII, *le petit roi*, menait jusqu'à Naples, trois quarts de siècle auparavant (3), et au chiffre de 60 pièces de tous calibres, que Henri II fait *ronfler*, suivant une expression contemporaine, quinze ans plus tard, sous les murs de Metz, avant de faire son entrée dans cette importante cité (4).

La faiblesse respective en artillerie tient sans doute à la pénurie d'argent : même en réunissant les pièces d'artillerie des deux partis, on n'aurait jamais sous ce rapport qu'une idée amoindrie de la puissance française. Cette faiblesse est en général plus grande chez les protestants : « car encore, dit La Noue, que les catholiques estiment les Huguenots estre gens à feu, si sont ils toujours mal pourvus de tels instruments (5). »

L'emploi de calibres assez faibles procure à l'artillerie la

(1) *Études sur le passé et l'avenir de l'artillerie*, 1846, t. 1, page 265.

(2) *Histoire de l'art militaire*, t. I, p. 507.

(3) L'expédition de Naples eut lieu en 1495; la bataille de Moncontour date de 1569.

(4) *Mémoires de Vieilleville*, IV, 14.

(5) La Noue, *Discours politiques et militaires*, 26e discours ou observations finales, 2es troubles, chap. VI.

mobilité déjà signalée comme acquise dans cette période par les autres armes : mais en compensation l'artillerie des guerres de religion ne peut agir puissamment contre les obstacles matériels.

En cas d'un combat de nuit, on cherche à éclairer le champ à battre par l'artillerie au moyen d'un amas de fagots et de paille (1), qui sans doute ne produisait pas l'effet de nos balles à feu actuelles.

Il n'existe pas encore de troupes d'artillerie (2), et les Suisses gardent ordinairement les pièces, privilége confié, à leur défaut, à la meilleure infanterie de l'armée. Un alinéa de Claude Haton nous le rappelle, au sujet du passage à Provins, le 25 juillet 1581, du duc d'Anjou se portant rapidement, depuis Montereau, au secours de Cambrai, vivement pressée par les Espagnols : « l'artillerie du camp, rapporte-t-il, arriva à Provins vers les neuf à dix heures du matin, qui fut logée en la rue du Culoison ; elle était de 4 pièces moyennes, qui ne portaient boulets que de la grosseur du poing, de 4 charettes, qui portaient chacune 6 canons de la grosseur des harquebuses à croc, posés en icelles comme tuyaux d'orgue, et d'une grande charrette chargée de grosses arquebuses à croc, jusques au nombre d'une douzaine. *Quatre-vingt Suisses furent commis à la garde de ladite artillerie* avec les *canoniers*, et furent logés, tant les uns que les autres, ès-rues de Troyes et de Culoison. » Les canonniers dont il est ici question, avaient évidemment pour mission la manœuvre des pièces, tandis que les Suisses formaient une troupe d'appui et de soutien : on voit donc que les *pionniers* n'ont pas toujours au XVIe siècle le rôle de

(1) *Id.*, observations finales, 1ers troubles, chap. V.

(2) Elles furent instituées sous Louis XIV, en 1671.

manœuvrer l'artillerie, comme on l'indique parfois (1). Claude Haton le marque en ajoutant au passage précité : « Les poudres et boulets furent logés dedans la grange du prieur de Saint-Ayoul. Il n'y avait que six ou huit pionniers *à la suite* de ladite artillerie, qui menaient plus de 40 beaux et gros chevaux. » D'après son dire, les pionniers semblent ici se borner à la conduite de chevaux de rechange, destinés sans doute à augmenter, dans les chemins difficiles, les attelages de l'artillerie, car s'ils eussent été les véritables conducteurs des pièces, Claude Haton ne les dirait pas *à la suite* de l'artillerie.

Partout à cette époque on voit les canonniers aidés, assistés. Ainsi M. Henne, dans son *Histoire du règne de Charles-Quint en Belgique*, nous en montre deux par pièce, appuyés de quelques fantassins chargés de demeurer dans un but spécial de protection près de l'artillerie, assistés par des aides canonniers destinés à effectuer les manœuvres de force (2), et aussi par des pionniers qui, outre leur participation accidentelle au service des pièces, exécutent les travaux de fascinage et de terrassement indispensables pour mettre les bouches à feu en batterie, ou leur ouvrir un accès

(1) Entre autres *Monteil*, XVIe siècle, station XLI, qui écrit : « Pour manœuvrer un canon, il faut 30 pionniers : pour le charger, « le pointer, le tirer, il faut trois chargeurs et deux canonniers. » Le dire de Claude Hatton contrarie ce passage ; mais il est probable que déjà du temps des guerres de religion, la nécessité avait fait réduire le grand nombre de pionniers attachés à une pièce, par rapport à ce qu'il était dans la première moitié du XVIe siècle.

(2) On nomme ainsi, dans le service de l'artillerie, les manœuvres qui s'effectuent (généralement au moyen d'une chèvre) dans le but d'enlever les pièces d'un fort calibre de leurs affûts pour les poser à terre ou sur un autre affût, et réciproquement.

facile au milieu de certaines positions. Dès 1544 ces pionniers belges « jouissaient d'une organisation assez complète, et prêtaient serment comme les autres soldats. »

La pesanteur de l'artillerie fait la plus grande difficulté de son transport : aussi son charriage par eau rend-il de grands services quand il s'agit des calibres les plus gros, de ceux que l'on conduit devant une ville pour en faire le siége. Nous rencontrons ce mode de transport dans l'époque qui nous occupe : en 1568, Gaspard de Tavannes propose à Orléans « de séparer partie de l'artillerie, qui reviendrait facilement après *par eau* atteindre l'armée pour assiéger Sancerre. »

L'artillerie se trouvait, comme aujourd'hui, chargée de la construction des ponts improvisés. On le voit en 1569, lorsqu'il s'agit de jeter un pont sur la Charente, dans le but de doubler le pont de la ville de Châteauneuf, insuffisant pour laisser passer l'armée : ce pont, composé mi-partie de bateaux de pêcheurs, ramassés dans le pays, mi-partie de tréteaux ou chevalets (1), est préparé, exécuté par des charpentiers fournis par le grand maître de l'artillerie M. de La Bordaisière, qui surveille une partie du travail confié aux soins du comte de Gayasse : l'entrée de ce pont, c'est-à-dire ses rampes et abords se trouvent établis avec promptitude et habileté.

On construisait également des ponts improvisés avec des voitures plcées sur le lit de la rivière; les mestres de camp qui combattent sous les ordres de Montluc, ou coupèrent

(1) Ces chevalets avaient une double destination : suppléer au petit nombre des bateaux rassemblés, et permettre l'établissement du pont dans les endroits trop bas pour qu'il fût possible à un bateau de flotter.

avec lui, traversent par ce procédé la Dordogne en 1562 : « Le capitaine Charry, raconte Montluc (1), se mit devant selon sa coutume avec les gens de pied sur la rivière, et promptement fit *un pont de charrettes* et passa à la hâte »

Le passage des rivières sur des radeaux était connu : les habitants d'Auxerre, quand ils vont en août 1568 assiéger le château de Regennes, traversent l'Yonne sur des trains de bois flotté, et approchent ainsi assez du château pour y pouvoir mettre le feu (2).

Au besoin quelques arbres coupés et jetés à l'eau, suffisaient (3), comme le fait voir la surprise d'Etampes en juin 1589, par l'armée royale, coup de main où d'Aubigné fut l'un des principaux acteurs.

§ VII

MARCHES.

Les armées marchent suivant l'ordre de leur organisation, dont nous avons déjà parlé (V. le § III) : en tête une avant-garde le plus souvent mixte, puis la bataille ou corps principal, et en arrière, pour *fermer* la formation, un peu de cavalerie, ordinairement de la cavalerie légère (4). Quelquefois le

(1) *Commentaires de Montluc*, liv. V.

(2) *Histoire de la prise d'Auxerre par les Huguenots, et de la délivrance de la même ville, les années* 1567 *et* 1568, par un chanoine (Lebœuf) de la cathédrale d'Auxerre, 1 vol. in-8°, à Auxerre, chez Troche, 1723, p. 185 et 188.

(3) En 1568 même des Albanais franchissent un cours d'eau, dans les Pays-Bas, en se cramponnant à la queue de leurs chevaux, suivant l'usage tartare.

(4) En 1572, l'armée espagnole a, derrière son arrière-garde de

fractionnement de l'armée augmente : l'armée royale par exemple, qui marche sur Rouen au mois de septembre 1562 pour mettre le siége devant cette ville, est divisée *en quatorze quartiers* (1).

Les armées cheminent sur une seule colonne, les chariots de bagages rangés sur les côtés (2). On se croit protégé par ces files de chariots, les Espagnols surtout, ce qui montre qu'on avait en marche fort peu à craindre de l'artillerie.

Souvent l'avant-garde comprenait deux portions, ou du moins était suivie par une force destinée à la protéger. Un exemple de cette disposition se rencontre dans la marche exécutée en 1590, dans la Bourgogne, depuis Marcigny, contre le gouverneur de Mâcon qui approchait, par Guillaume de Tavannes : « Ledit sieur de Tavannes, raconte lui-même, dans ses propres mémoires, ce fils aîné du maréchal de Tavannes, s'achemina au-devant des ennemis, ayant laissé ses gens de pied à Marcigny, avec l'ordre suivant : le marquis de Mirebeau (3) avec sa troupe de cavalerie menait les coureurs, une compagnie d'arquebusiers à cheval à sa droite ; après, *pour le soutenir*, le sieur de Cipierre avec sa compagnie de cavalerie et une d'arquebusiers à cheval ; le sieur de Tavannes suivant menait le gros des troupes. »

cavalerie légère, 400 arquebusiers et une compagnie de chevau-légers. *Commentaires de Mendoça*, t. I, p. 320.

(1) Davila, *Histoire des guerres civiles de France*, liv. III, traduction Baudouin, t. I, p. 110.

(2) C'est au moins leur place dans les armées espagnoles, où même on les enchaînait ensemble à cette époque, afin de former avec eux une masse couvrante. Ainsi enchaînés, ces chariots rappellent les *tabors* des Hussites.

(3) Ce gentilhomme venait de le joindre à Nuits avec 25 maîtres de sa troupe.

André de Bourdeilles recommande que la bataille suive de près dans la marche l'avant-garde « pour se garder, dit-il, de tomber en des inconvénients où l'on s'est autrefois trouvé pour être si loin que l'une était défaite sans le sçu de l'autre (1). » La bataille de Saint-Quentin (1557) récemment livrée quand il écrivait, fournit un exemple de ce fait, assez frappant pour que nous le rappelions, quoiqu'il soit antérieur aux guerres de religion (2).

Coligny paraît avoir eu l'habitude d'effectuer ses marches en donnant « rendez-vous à toutes ses troupes, à une certaine heure, au lieu qu'on jugeait le plus commode pour la distribution des logis (3). » Les protestants allaient ainsi par divers chemins, ce qui pouvait être commode et permettait sans doute de gagner du temps, mais multipliait les alarmes et donnait lieu à des surprises.

Ce système adopté par Coligny de diviser, pour la marche, l'armée précédemment réunie, devient même pour les catholiques qui disposent de plus de ressources, devient pour eux presque une nécessité, en raison de l'allure plus décidée des opérations et du besoin de faire subsister dans chaque contrée occupée, des armées dénuées de transports et d'approvisionnements réguliers (4).

Cependant les marches acquièrent seulement une rapidité relative, puisque réunis à Limoges en 1569, les capitaines de l'armée de *Monsieur* (le duc d'Anjou) demandent *exception-*

(1) *Maximes et avis du maniement de la guerre*, chapitre du délogement de l'armée, édition de 1823, p. 37.

(2) Voyez *Essai historique et militaire sur l'art de la guerre* (par d'Ecrammeville), 1789, t. I, p. 269.

(3) *Hist. de l'art militaire*, par Carrion-Nisas, 1823, t. I, p. 503.

(4) Voyez *Histoire de l'artillerie*, par Brunet, t. I, p. 335 (1842).

nellement à ce que leurs soldats soient pourvus de pain pour un jour, afin de ne pas être obligés de s'arrêter brusquement pour vivre, si les circonstances souriaient aux opérations (1). Ne nous étonnons pas du reste de cette sujétion de la guerre aux exigences des approvisionnements vers la fin du XVIe siècle, car, au siècle suivant, Turenne et les autres généraux de Louis XIV voient encore leurs projets paralysés par les nécessités de la boulangerie (2).

Si, dans une poursuite, l'on se trouvait serré de trop près, on cherchait d'abord à retarder l'ennemi au moyen d'un détachement de chevau-légers qui escarmouchait avec lui et au besoin se sacrifiait pour lui barrer le passage, puis l'on recourait à diverses ruses, comme de laisser dans les haies et buissons des bouts de corde allumés pour faire croire à un campement, alors que l'on était déjà parti et que l'on cherchait à gagner de vitesse (3).

On se dirigeait dans les marches au moyen de guides, mais ceux-ci, alors comme aujourd'hui, étaient sujets à s'écarter du chemin, à se fourvoyer, comme ce fut le cas, au commencement des premiers troubles, quand le prince de Condé voulut essayer de surprendre l'armée royale à proximité de Lorges.

Comment se ralliait-on une fois en marche, si quelque événement écartait ou éparpillait les troupes? Quels étaient les signaux adoptés? J'avoue n'avoir rien trouvé de précis à ce sujet, excepté dans Claude Haton, qui raconte qu'en 1575

(1) *Mémoires de Guillaume de Tavannes*, année 1569, dans la collection Petitot, p. 294.

(2) Exemple : Turenne, sous Wurtzbourg, en 1673.

(3) En 1568 les catholiques, poursuivis par l'amiral et se retirant de Périgueux vers le haut Poitou, employèrent ces divers moyens (*Voyez* ci-après, p. 71).

« ès environs de Vertus, en tirant vers Sezanne, les ennemis se rallièrent ainsi qu'ils purent pour se remettre en troupe, et pour se mieux reconnaître, mirent le feu en trois ou quatre villages de nuit, *qui était le signe donné entre eux pour se rassembler;* à la clarté desquels feux plus hardiment s'approchèrent les égarés, et se rallièrent bien le nombre de 3,000 hommes (1). » Il s'agit d'un ralliement après défaite, lequel excuse plus le moyen employé, et d'ailleurs ceux qui l'emploient sont principalement des reitres de mauvaise renommée: le procédé d'incendier des villages pour s'éclairer peut donc rester exceptionnel malgré la dureté habituelle des guerres civiles.

Outre les marches ordinaires ou *en colonne*, on effectuait également des marches sur un front étendu: c'est ainsi que le duc de Mayenne se rendit d'Eu à Arques en 1589 pour combattre dans la deuxième journée, c'est-à-dire en la bataille d'Arques. Parti d'Eu, rapporte le duc de La Force dans ses *Mémoires*, il avait à traverser « un pays de grandes plaines unies, et *marcha en bataille*, faisant deux têtes, sans néanmoins beaucoup de séparation, l'une vers Dieppe, l'autre vers Arques. Son front était si grand qu'il paraissait y avoir cent mille hommes. »

Relativement aux retraites, des idées saines commencent à prévaloir; en général on les opérait en contenant l'adversaire par de légères escarmouches, par de fausses charges, mais le prince de Condé estimait ce jeu dangereux, disant qu'il était

(1) *Mémoires de Claude Haton*, dans les *Documents inédits sur l'Histoire de France*, page 790. Il s'agit de la retraite des Protestants après le combat de Port-à-Pinson (près Epernay, 9 octobre 1575), où le duc de Guise vainqueur fut blessé d'un coup de pistolet au visage.

plus malaisé de s'en démêler que d'une vraie bataille, que la meilleure façon de battre en retraite, surtout en pays couvert. consistait à se retirer de position en position, en tiraillant, sans engager le gros de l'infanterie.

Une manœuvre du maréchal de Saint-André, se retirant avec une arrière-garde de 2,000 chevaux contre 6,000 cavaliers du duc de Savoie, peut être considérée comme une retraite en échiquier : on l'y voit en effet « faire dérober devant et derrière lui ses troupes, dit Brantôme, les unes après les autres tout bellement, à celle fin que l'ennemi ne s'aperçût qu'il y eût aucune place vide, ni désemparée, et à mesure que les unes déplaçaient, les autres venaient prendre leur place et faisaient tête ...... et ainsi se déplaçant et remplaçant les unes les autres, jamais les ennemis ne s'en purent apercevoir (1). »

§ VIII

RECONNAISSANCES.

Une reconnaissance doit précéder toute action de guerre : ce principe a toujours été suivi, car seul il fournit, avant d'agir, les renseignements du moment dont on a besoin pour baser son action avec quelque chance de succès.

Il faut surtout en effectuer quand il s'agit du départ d'une armée : André de Bourdeille, frère aîné de Brantôme, recommande de joindre alors au « personnage entendu » qui en est chargé « un commissaire d'artillerie et des pionniers pour faire accommoder les chemins (2). »

(1) Brantôme, *le maréchal de Saint-André.*

(2) *Maximes et avis du maniement de la guerre*, édition Monmerqué, in-8°, 1823, page 31, début du chapitre *le délogement de l'armée.*

A cette époque, les détachements chargés des reconnaissances ne sont pas nombreux. Ils demeurent à ce sujet, ce qu'ils étaient en 1552, alors que cheminant sous le duc d'Aumale, le long du chemin de Chambéry au Mont-Cenis, M. de Vieilleville « envoyait le maréchal-des-logis de sa compagnie, Moysandière, avec 6 hommes d'armes et 10 archers, traverser la montagne et reconnaître qui était au-delà, et dire, s'ils trouvaient des peuples, qu'ils apportassent leurs denrées, et les assurassent qu'ils seraient payés à leur mot (1). »

En effet, nous voyons en 1560, le même Vieilleville, envoyé à Orléans, après la conjuration d'Amboise, faire exécuter, à gauche et à droite de la Loire, deux reconnaissances, chacune de vingt soldats et un capitaine (2). C'est là le chiffre moyen des reconnaissances, et sous ce rapport il n'y a pas grande différence avec ce que nous faisons aujourd'hui.

Les plus faibles détachements envoyés en reconnaissance sont de 4, 6 et 8 chevaux (3) : ils opèrent jusqu'à quatre lieues de distance. On trouve pourtant une fois un seul gendarme chargé d'une mission pareille (4).

Les plus considérables (5) atteignent l'effectif de 400 che-

(1) *Mémoires de Vieilleville*, IV, 25. Cette reconnaissance réussit en s'écartant de plus de trois lieues de l'armée.

(2) *Mémoires de Vieilleville*, VIII, 7.

(3) Le sieur de Cressey avec *six* chevaux (1589); — *huit* hommes de cheval..... battre l'estrade (1589); — *quatre* hommes de cheval seulement, avec le sieur de Longueval, pour reconnaître (1592). » *Mémoires de Guillaume de Tavannes*, collection Petitot, p. 341, 353, 398.

(4) Un gendarme est envoyé sonder les gués de la Dordogne vers Figeac (1568). *Commentaires de Montluc*, liv. VI, édition du *Panthéon littéraire*, p. 312.

(5) En juin 1570 « l'Amiral commande au capitaine Piles d'eslire

vaux : tel est celui confié au vicomte d'Auchy, en 1568, près Châtellerault, par le duc de Montpensier, qui recommande à cet officier de remplir sa mission *sans toutefois attaquer*, tant ce nombre de soldats paraissait imposant. Il s'agit cette fois d'une reconnaissance précédant une action (le combat de Pamprou).

Souvent la reconnaissance s'effectuait avec une compagnie entière, forte de 30 à 60 maitres ; ainsi fit le duc de La Force en 1589, la veille de la bataille d'Arques. Arrivé sur le haut d'une montagne vers le quartier des ennemis, « il y demeura toute la nuit, fit approcher les écoutes le plus près de leur quartier que se pouvoit ; tous oyoient un grand bruit dans leur camp, et jugeoient bien qu'ils se préparoient à marcher ; mais il ne passa personne du côté où ils étaient, ce qui l'en fit retourner, même voyant que le jour commençait à paraître. »

Les maréchaux de camp et quelquefois le chef d'armée lui-même (1) effectuaient des reconnaissances.

On envoyait également, pour observer l'adversaire, des coureurs ou *batteurs d'estrade* : ces derniers, pris de préférence dans la cavalerie légère, à défaut dans l'infanterie, s'éparpillaient pour fouiller le terrain et avertissaient de l'approche de l'ennemi. Leur nombre dépassait rarement 40. Ils étaient d'autant plus utiles qu'un jour sombre et obscur pouvait empêcher de distinguer l'infanterie ennemie, comme cela arriva en 1572 aux soldats de Genlis (2).

Les dévastations, suite des guerres civiles, poussèrent les paysans à cacher leurs approvisionnements, et il fallut dès

de 60 à 80 salades pour reconnoistre les catholiques. » Le Frère, *Histoire des troubles*, 1584, tome I, feuillet 477 au verso.

(1) Le duc d'Anjou en 1568, *Mémoires de Guillaume de Tavannes*, p. 262.

(2) Au combat où il fut défait près de Saint-Ghislain.

lors de lointaines reconnaissances pour trouver des vivres et des fourrages : Castelnau (1) signale ce fait dès 1563.

L'espionnage se rattache comme service militaire aux reconnaissances. Le mode de paiement des espions paraît alors avoir consisté en gages fixes, au moins pour ceux qui érigeaient en métier leurs tristes occupations : ce sont, on le sait, les espions ordinaires, vulgaires, ceux dont un général rencontre partout la vile engeance (2). Quand on arrêtait quelqu'un on le fouillait. En 1589, à Toulouse, peu avant la mort du président Duranti, on saisit un porteur de lettres qui se cachait « dans la fourrure de son chapeau (3). » On trouve dans ce siècle des espions brûlés vifs (4).

§ IX

STRATÉGIE ET TACTIQUE.

Luttes à petite échelle, les guerres de religion offrent peu de stratégie.

Après la bataille de Moncontour, l'armée protestante accomplit en neuf mois presque son tour de France, mais c'est moins un mouvement stratégique qu'une visite successive à tous les lieux d'où elle pouvait tirer des renforts et des ressources de toute espèce, et ce long voyage se put exécuter, j'emprunte les paroles de La Noue : « à cause de l'imprudence des catholiques, lesquels laissant rouler, sans nul empêchement, cette petite pelote de neige, en peu de temps

(1) *Mémoires de Castelnau*, VI, 7.

(2) Les gages indiqués par un auteur varient *par an* de 25 à 150 livres.

(3) *Histoire véritable de ce qui s'est passé à Toulouse en la mort du président Duranti*, Toulouse, chez Abadie, 1861, p. 91.

(4) Jehan Sergent, originaire d'Arras, fut condamné à ce supplice par les Espagnols le 31 juillet 1542.

elle se fit grosse comme une maison (1). » Les royalistes agirent de même plus tard envers la ligue, la laissant grandir au lieu de l'étouffer au début.

Cette imprudence se joint chez les royalistes à une grande candeur dans les mouvements qu'ils opèrent. Ainsi, antérieurement au voyage dont nous parlons, en 1568, lorsque le duc d'Anjou s'achemine, avec les faibles forces trouvées par lui à Orléans, s'achemine, disons-nous, vers Blois, Amboise et Tours, avec réserve, en vue d'une action, et qu'il apprend le mouvement en arrière du duc de Montpensier, courant à 40 lieues vers les Provençaux, mouvement qui isole les deux armées royales, l'entourage du duc d'Anjou veut qu'il marche néanmoins à l'ennemi, avec son peu de troupes, au lieu de rester couvert par la Creuse, jusqu'au retour de M. de Montpensier, mandé en diligence comme le voulait Tavannes : celui-ci finit par l'emporter, et le duc d'Anjou remet son départ à quatre jours, de façon à n'arriver à Châtellerault que suffisamment redoutable : il fit bien, car le jour où il atteignit cette ville, rejoint peu d'heures après par le duc de Montpensier, l'ennemi passa la Vienne à Chaumigny, et vint se poster en face de lui à une lieue de Châtellerault (2).

On comprend, à cette époque, l'utilité d'une ville comme base, car c'est sur la possession de la cité de Flavigny en Auxois, « forte d'assiette pour y faire une bonne retraite afin d'assembler des forces et y jeter un fondement et prin-

(1) La Noue, *Discours politiques et militaires*, observations finales, 3es troubles, avant-dernier chapitre, p. 697 de l'édition de Bâle, 1597.

(2) *Mémoires de Guillaume de Tavannes*, année 1568, pages 254 et 255. Ce fut ensuite le tour des Protestants *de ne point faire en gens de guerre*. Voyez page 261.

cipe du progrès de ses desseins, » que Guillaume de Tavannes prend (1589) le parti de combattre Mayenne en Bourgogne « sans deniers royaux, sans troupes royales, n'ayant de Sa Majesté qu'un pouvoir en parchemin (1). »

En revanche on s'acharne aux siéges, lesquels, tentés le plus souvent avec des équipages trop faibles, ne réussissent pas et ruinent les armées, surtout l'armée protestante (2) : il eût mieux valu tenir la campagne, mais on voulait posséder des cités, les royalistes, afin de maintenir partout leur autorité, les protestants, pour faire acte de gouvernement et les garder à titre de garantie ; ce n'est plus seulement comme dans les journées de Saint-Quentin et de Gravelines, pour arrêter l'ennemi devant elles et l'y épuiser dans une quasi inaction, qu'on les occupe.

Ajoutons que Henri IV, une fois roi et débarrassé par cela seul des difficultés qui entravaient les précédents chefs, tient mieux la campagne : il recourt volontiers au combat, cette solution décisive des marches et de toutes les opérations, mais il la prépare par des escarmouches (3) et des affaires d'avant poste que livrent ses lieutenants, et n'apparaît lui-même que pour frapper un grand coup (4).

(1) *Mémoire de Guillaume de Tavannes*, p. 334, 335.

(2) Coligny disait dans ce sens : « Ces grandes cités sont la sépulture des armées. » Le capitaine de Piles, en sortant de Saint-Jean-d'Angely (2 décembre 1569) par capitulation, se vanta d'avoir fait périr plus de dix mille hommes sous les murs de cette place.

(3) Ceux qui les livraient étaient fort aguerris, et cela pendant la durée entière des guerres de religion : « Les enfants perdus sont « les plus assurés et les plus résolus au combat, » dit un contemporain. *Vraie histoire des troubles depuis* 1562, feuillet 62 au recto.

(4) V. *Journal militaire de Henri IV*, par de M. de Valori, 1821, p. IX.

Le duc de Parme quand il vient en France (1590), se borne lui-même à escarmoucher de façon à occuper les Français et à pouvoir lancer sur la Marne, à Lagny, dont il vient de s'emparer, la flottille destinée à ravitailler Paris. Ces escarmouches exigent de la part des troupes une grande mobilité. Le système de guerre devient si l'on veut plus rapide, mais il n'est pas encore très-hardi comme opérations ; il ne pouvait pas l'être avec les faibles ressources dont chacun disposait, surtout avec les variations brusques qui se produisent d'un parti à l'autre en temps de guerres civiles et qui obligent les chefs à une circonspection continuelle.

Les diversions ont également cours. En 1573, le maréchal de Tavannes donne l'avis, et il en émet une justification, de tenter quatre entreprises à la fois, la première contre La Rochelle, les deux autres en Guienne et en Languedoc, la quatrième contre la ville de Sancerre, pour empêcher les protestants « de se mettre en campagne, se secourir l'un l'autre, et à défaut, favoriser leurs négoces et affaires d'avec les étrangers ; » il préfère ces entreprises « en tant de lieux » à « une bonne et grosse armée » dont la concentration eût imposé là où elle eût agi, mais n'aurait pas atteint le même but conseillé par la politique.

Si les royalistes pouvaient s'éparpiller dans un but spécial, les protestants moins nombreux devaient chercher à grouper leurs forces, et à ne pas se laisser attaquer en détail : Condé perdit cette nécessité de vue quand, après la reddition de Rouen à ses adversaires (1562), au lieu de marcher rapidement vers la Normandie, pour s'appuyer sur la ville du Havre (1), il vint faire sous Paris une apparition peu

(1) Les Protestants ne devaient plus, pour le moment, compter sur des renforts anglais, car Vieilleville (Voyez ses *Mémoires*, VIII, 32) venait d'obtenir d'Elisabeth qu'elle ne ferait « sortir de

utile, puis, en vue peut-être d'entraver le transport des blés de la Beauce à Paris, but secondaire, courut assiéger Chartres et Dreux (1), prolongeant ainsi son écart de sa ligne d'opérations la plus profitable.

Ce qui a pu paralyser les dispositions stratégiques des généraux de l'époque, c'est l'indécision de la cour et de son conseil, auquel il arrive de répondre : « Ceux qui ont les armes en main ne doivent demander conseil ni commandement de la cour, qu'ils fassent ce qu'ils jugeront le plus à propos (2). »

Joignez à cette indécision du gouvernement les divergences d'opinion qui signalent les temps de troubles et dont les conseils de guerre réflétaient l'image. On y décidait à la pluralité des voix en commençant par le moins âgé, sans tenir compte de l'influence et du talent, ce qui mit souvent Tavannes hors de lui, et le porta même au projet de quitter le service militaire.

Il semble que l'on conservait une certaine répulsion pour les campagnes d'hiver, qui ne permettaient, disait-on, ni de tenir les soldats ensemble, ni de camper, et nuisaient plus à l'assaillant qu'à celui qui était assailli : le roi de Suède, Gustave-Adolphe, devait, en effet, être le premier à les remettre en honneur.

On rencontre dans les guerres de religion plus de tactique que de stratégie.

« son royaume hommes ni argent pour qui que ce soit ; » mais il pouvait arriver au Havre d'autres secours, en attendant que la reine d'Angleterre changeât d'avis ; occuper le Havre, s'appuyer sur cette ville, c'était donc donner de l'ombrage à la cour.

(1) Dreux est un peu moins éloigné du Havre que Paris ; Chartres se trouve à la même distance.

(2) *Mémoires de Castelnau*, IV, 4.

Ainsi, l'idée que les terrains plats, unis, conviennent à l'arme de la cavalerie, était générale : « il était nécessaire de faire l'assiette du camp à la plaine le plus que l'on pourrait, pour être faibles d'arquebuserie et forts de gens de cheval, écrit Tavannes, en 1569. »

On connait l'avantage de charger sur le flanc d'une troupe débandée ; le combat de Pamprou (1568) en offre un exemple dans l'arquebuserie chargée vivement par le sieur de La Valette, père du futur duc d'Epernon, à la tête de sa compagnie (1).

L'art d'échelonner les carrés, afin qu'ils « s'entre-favorisent l'un l'autre, » comme dit La Noue, cet art se pratique. Il s'agit évidemment de carrés d'infanterie. La Noue les veut de 2,000 hommes (dont 750 armes à feu) chacun, distants l'un de l'autre de 80 pas (60 mètres), et placés en échelons ou demi-échiquiers (2).

On renonce aux lourdes masses de Crécy et d'Azincourt pour adopter des fractions plus légères et plus vives d'allures : dès Dreux, par exemple, la bataille ne combat plus unie en bloc, le maréchal de Saint-André la partage en *cinq* groupes.

On se rallie bien et souvent, l'action qui vient d'être rappelée le prouve, et « comme l'a remarqué avec raison un auteur militaire, pour quiconque veut y réfléchir, cela seul révèle la présence de l'art. »

La combinaison intelligente des armes se rencontre. En 1589, aux environs d'Arques, après la première journée de ce nom, le maréchal de Biron fait placer deux couleuvrines à couvert, le long d'une colline, les masque par un rideau de cavalerie, à la faveur duquel elles gagnent les plateaux, attend l'instant propice, fait une trouée dans son rideau

(1) *Mémoires de Guillaume de Tavannes*, année 1568, p. 260.
(2) *La Noue*, 2e paradoxe du 18e discours.

équestre, et tire si à propos au milieu de la cavalerie de Mayenne qu'il la met en désordre : c'est ce qu'il appelait mener du canon *à l'escarmouche* (1). Déjà, sous les murs de Senlis, au mois de mai de cette même année, La Noue avait dû le succès au soin de cacher au milieu de ses fantassins les deux seuls canons en son pouvoir, de sorte que l'ennemi le crut sans artillerie, et vint comme à un simple engagement, tandis que, une fois à petite portée, il fut reçu à coups de canon.

Dans les manœuvres de détail on retrouve des points de repaire. La Noue parle des *tours* et *retours* faits par « les soldats nouveaux à qui on apprend des *limaçons*, » c'est-à-dire des contre-marches.

§ X

BATAILLES.

Pendant les guerres civiles, les protestants sont constamment défaits en bataille rangée ; cela tient à la supériorité de deux chefs des catholiques (2), à la meilleure et plus puissante organisation de ces derniers, peut-être même à leur moins mauvaise discipline.

Afin de mieux exposer l'art de livrer bataille à cette époque, en ce qui concerne nos luttes civiles, nous allons décrire les principales actions de ces guerres.

I. — *Combat de Ver*, près Saint-André de Cubzac (3) (1562). — Au début des troubles, rassemblant sa compagnie et en levant six nouvelles, d'après l'ordre du roi, (4), Montluc

(1) *Mémoires du duc de La Force*, publiés par M. le marquis de La Grange, 1843, t. I, p. 92.

(2) *Guise* et *Tavannes*, Voyez ci-après le § XIV.

(3) A 22 kilomètres nord-est de Bordeaux, sur la Dordogne.

(4) *Commentaires de Montluc*, liv. V.

commence à s'opposer dans la Gascogne à la réunion des protestants, tire deux canons et une couleuvrine de Toulouse, gagne Montauban, et, après des courses diverses, prend Lectoure. Il se réunit à M. de Burie et lui propose de combattre; celui-ci, préférant attendre l'arrivée de M. de Montpensier, discute sa proposition, mais finit par l'accepter. Tous deux s'avancent alors vers l'ennemi, dont la cavalerie occupait Saint-André et les gens de pied le gros bourg de Ver. Montluc s'approche tellement de leur camp que les siens font prisonniers deux capitaines : il reste sur le qui vive toute la nuit, les soldats en armes, les chevaux sellés, puis au matin marche sur Saint-André. M. de Duras s'était concentré à Ver, ne se doutant que l'ennemi fût si près de lui. L'action commença par une petite escarmouche occasionnée par la trop grande précipitation des premières compagnies royalistes : l'échauffourée passée et chacun ayant repris sa place, Montluc, accompagné du capitaine de Montferrand, fit lui-même la reconnaissance de l'adversaire.

Ce dernier appuyait ses deux ailes par des arquebusiers; ceux de sa droite, arquebusiers à pied, occupaient un bois; ceux de sa gauche, arquebusiers à pied et à cheval, s'étendaient en potence (1) dans la plaine. Montluc fit avancer les quatre piéces d'artillerie amenées par M. de Burie, sur le bord d'un fossé, et les pointa sur la potence : il mit de ce côté, c'est-à-dire à sa gauche, sa compagnie et celle du roi de Navarre, lesquelles de la sorte tirèrent aussi sur la potence; au centre il plaça trois compagnies et à sa droite, du côté d'une petite éminence, les troupes du capitaine Masses. M. de Burie prit la tête du centre ou de la bataille, pendant que les quatre pièces de l'aile commen-

(1) « En un arrière-coin, » dit Montluc.

çaient à tirer. Averti enfin (1) du corps auquel il avait affaire, l'ennemi doubla le pas pour venir attaquer. M. de Burie et Montluc poussèrent droit à eux au grand trot, afin de les prévenir et de ne leur pas laisser gagner la montagne d'où ils auraient combattu avec avantage (2); les gens de pied catholiques suivaient en toute diligence. A cette vue les protestants rappelèrent 1,200 vieux soldats de leur arrière-coin et renforcèrent ainsi leur bataille : *Charge*, cria Montluc, et une mêlée succéda de près au choc. La furie du chef donna la victoire aux royalistes, mais le sang-froid du capitaine Masses y contribua. Voyant une troupe intacte postée près de la montagne, il évita de charger avec le restant des siens, marcha vers elle, et une fois à bout portant, la culbuta : ainsi disparut un danger latéral qui pouvait tout compromettre. Les fuyards furent poursuivis durant deux lieues et faillirent tomber dans les troupes de M. de Montpensier, prêt à atteindre Mucidan.

Tel est ce combat de Ver, où le succès appartient au plus vigilant, à celui qui sut joindre à la rudesse des coups l'intelligence de ne laisser l'ennemi ni prendre une position dominante, ni exécuter une attaque de flanc. Je l'ai narré, d'après le récit atténué du bouillant Montluc, n'ayant pu en saisir une trace dans Davila. La Noue lui-même en parle laconiquement disant (3) : « Peu de temps après M. le prince

(1) M. de Duras et 4 capitaines stationnaient encore indécis sous un arbre au moment où Montluc, ses dispositions faites, arrivait à 40 pas de leur troupe.

(2) « Il me souvenait de Targon, raconte Montluc, où ils nous « avaient fait tête sur la montagne, et fallut que nous les combat- « tissions *de bas en haut.* »

(3) *Discours politiques et militaires*, observations finales ou 26e discours, 1ers troubles, chapitre VIII, p. 583.

de Condé entendit la route d'une petite armée de Gascons que le sieur de Duras lui amenait, où il n'y avait pas moins de 5,000 hommes, qui fut défaite par le sieur de Montluc. » Cette évaluation de 5,000 hommes correspond aux 23 enseignes d'infanterie et 13 cornettes de cavalerie indiquées par Montluc, qui porte la perte des vaincus dans cette journée à 2,000 tués.

II. *Bataille de Dreux* (19 déc. 1562). — Les protestants effectuaient leur retraite vers la Normandie, après avoir échoué sous Paris, quand les catholiques qui les poursuivaient, les atteignirent en suivant un chemin *plus commode et plus court* (1), passèrent l'Eure près de Dreux, au clair de la lune et sans opposition aucune, et les forcèrent à livrer bataille. Commandés par le prince de Condé et Coligny, les protestants comptaient dans leur armée 7,000 fantassins, 4,500 chevaux, et seulement 5 canons, le surplus de leur artillerie ayant pris l'avance. Les royalistes, dirigés par trois chefs, le duc de Guise, le connétable de Montmorency, le maréchal de Saint-André, arrivaient au nombre de 15,000 fantassins, 2,000 chevaux et 22 canons. Ils prirent position, leur droite à Epinay, leur gauche à Blainville, sur une seule ligne légèrement concave, divisés comme pour la marche en deux corps, l'avant-garde et la bataille proprement dite, la première à droite, la deuxième à gauche (2). Leur droite se trouvait renforcée par l'infanterie espagnole formant un gros ba-

(1) Davila le dit expressément.

(2) Le Frère parle d'une arrière-garde peu nombreuse commandée par le duc de Guise, et place l'avant-garde à gauche de la bataille ; mais cet écrivain, peu clair dans ses descriptions, envisage sans doute l'ordre de bataille par le front au lieu de le regarder, comme nous faisons aujourd'hui par derrière. Voyez son *Histoire des troubles*, t. I, feuillet 185, verso.

taillon de 2,000 hommes sur 35 rangs de profondeur et par les chariots de bagage destinés à former « remparts parce qu'ils appréhendaient que les ennemis, dont la cavalerie était plus forte que la leur, ne les investissent tout-à-coup (1). » Entre les gros bataillons d'infanterie, se tenaient des escadrons soit de gendarmes, soit de cavalerie légère. Une batterie sur la droite, une en avant du centre, et 400 arquebusiers devant le front des bataillons, complétaient l'ordre de bataille. Les protestants recevaient la bataille : surpris ainsi au moment où ils prêtaient le flanc, ils se rangèrent à la hâte, leur infanterie en deux bataillons, ayant à leur gauche une batterie de 4 pièces, leur cavalerie en trois escadrons de près de 1,500 chevaux chacun.

Les armées se contemplèrent pendant plus de deux heures, étant à une portée de canon, sans une seule escarmouche, ce dont La Noue s'étonne (2), car il y en avait eu à Cerisolles, à Sienne, à Gravelines : on eût dit qu'au moment de livrer la première bataille de ces luttes fratricides, chacun réfléchissait sur les malheurs des temps.

L'artillerie catholique engagea l'action : dès ses premières décharges, Condé et Coligny, pour les faire cesser, s'élancèrent à la tête de leur cavalerie, mais ramenés par les boulets ennemis, ils choquèrent contre les Suisses de l'aile gauche qui, rompus d'abord, se réformèrent rapidement et reprirent la formation carrée. Le connétable, accouru à leur secours et aidé par deux régiments de l'aile droite, vit ses troupes culbutées, et renversé lui-même, fut fait prisonnier.

(1) Davila, *Histoire des guerres civiles de France*, liv. III.

(2) *Discours politiques et militaires*, observations finales ou 26e discours, *De six choses remarquables advenues à la bataille de Dreux.*

La cavalerie protestante, victorieuse, tourne l'armée royale, pille ses bagages, fait mine de prendre à revers la droite catholique, renonce à ce projet en voyant sa fière et forte contenance, et revient contre les Suisses, qui résistent avec la même intrépidité. Ces Suisses, reste de leur aile gauche, et l'aile droite, affaiblie des deux régiments vaincus, voilà les forces catholiques qui tiennent encore le champ de bataille, pendant que Condé rallie ses cavaliers épars et que Coligny rassemble, autour de ses fantassins français qui n'ont pas donné, les lansquenets repoussés par les Suisses. Les catholique semblent donc vaincus, d'autant plus que le Connétable leur manque comme les troupes de leur aile gauche. Quel acte les arrache donc à cette mauvaise situation et leur procure le succès : la *longue patience* du duc de Guise qui, « regardant la victoire *en gros*, » suivant l'expression de Montaigne (1), attend l'occasion et se tient coi jusqu'à ce qu'elle se produise, accusé de couardise par son entourage, mais deviné par l'amiral (2). Cette occasion venue, il reforme un ordre de bataille de concert avec le maréchal de Saint-André, et leur cavalerie au milieu, leur infanterie aux deux extrémités, précédés d'enfants perdus et de 4 canons, tous deux marchent à l'adversaire : arrivés à petite distance, ils exécutent une décharge contre l'infanterie protestante, la culbutent avec leur cavalerie, s'emparent du prince de Condé

(1) *Essais*, I, 45.

(2) « Il y en avait (parmi les protestants) qui déjà criaient que « la victoire était acquise pour eux; mais il me souvient que j'ouis « feu M. l'Amiral qui répondit : Nous nous trompons, car *bientôt* « *nous verrons cette grosse nuée fondre sur nous.* » *La Noue*, 26ᵉ discours. Davila prête à d'Andelot, frère de l'amiral, au moment de la marche offensive du duc de Guise cette parole : « *Voici une queue que nous ne pourrons jamais écorcher.* »

qui reparaissait accompagné de 200 cavaliers seulement. Dès lors, les soldats catholiques dispersés au début de l'action, rejoignent la cornette du duc de Guise, et augmentent l'élan donné : le succès n'est plus douteux, mais Coligny le fait acheter cher en chargeant à la tête de 1,600 chevaux et en prenant le maréchal de Saint-André.

Au résumé, dans la journée de Dreux, la victoire couronne le chef réfléchi qui déploie le plus de fermeté et de talents : le duc de Guise n'avait agi en effet que le plus tard possible, quand il avait vu *clair dans l'échiquier*, suivant l'expression de Napoléon, et il avait groupé ses troupes de façon à les fortifier l'une par l'autre, tandis que les protestants, lançant trop tôt leur artillerie, livraient sans appui leur infanterie et rendaient leur artillerie inutile.

III. — *Combat de Saint-Denis* (1567). — La disproportion des forces et l'importance du tir de l'arquebuserie signalent ce combat. Du côté des catholiques, près de 16,000 fantassins, 2,000 chevaux et de l'artillerie : du côté des protestants 2,000 gens de pied et 1,000 cavaliers. Les gens de pied protestants portaient tous une arquebuse ; leur résistance tint à un judicieux emploi de cette arme, la seule dont ils pussent disposer de pied ferme, n'ayant ni piques, ni canons. Coligny fit tirer ses arquebusiers à petite portée, à 50 pas (1), contre la cavalerie de ses adversaires ; par là il compensa un peu l'infériorité du nombre, et la nuit aidant (2), parvint à s'échapper non sans quelque désordre. « En somme, dit La Noue, les catholiques eurent l'honneur de la bataille, en ce que le champ et la possession des morts leur demeura, »

(1) La Noue, 26ᵉ discours, *De ce qui advint au délogement de Saint-Denis.*

(2) La poursuite s'étendit à peine à un kilomètre.

mais ce fut un mince résultat avec une pareille supériorité de forces. Si le connétable montra par là qu'il ne valait pas comme général, le duc de Guise, ce fut pourtant lui qui, averti de la faiblesse de l'armée des protestants, — lesquels venaient de commettre la faute d'envoyer, pour surprendre Poissy, un détachement de 500 chevaux et 800 arquebusiers, alors que plusieurs indications devaient leur faire présager une action prochaine, — fit constater cette faiblesse par une reconnaissance et décida la bataille pour le lendemain.

IV. — *Escarmouche de Pamprou* (1568). — En 1568, le duc d'Anjou se trouvait à Jasencuil, village sur la route de Poitiers, et le prince de Condé à Colombière, petite ville sise à dix kilomètres de Lusignan. Les deux généraux jetèrent les yeux sur le village de Pamprou, sis entre leurs deux camps pour y loger leur avant-garde, et y envoyèrent chacun un détachement. De là une escarmouche vivement soutenue pendant plusieurs heures. Le village demeura au pouvoir des protestants, et ceux-ci se mirent à poursuivre les chevau-légers catholiques, mais le duc de Montpensier vint au secours de ces derniers. D'Andelot, qui commandait les protestants, se trouvant alors inférieur en forces, sut se poster adroitement sur le penchant d'une colline, en imposa et ne fut pas attaqué. D'ailleurs toute l'armée protestante déboucha bientôt pour le soutenir, tandis que l'armée royale ne bougea point, ce qui obligea les combattants catholiques, ayant pris leur part de l'escarmouche, à se retirer ; ces derniers s'arrêtèrent près d'un bois et là étendirent leurs premières files de façon à tromper sur leur force réelle, rendant ainsi à leurs adversaires ruse pour ruse ; ils y ajoutèrent même la feinte de semer dans le bois et sur les buissons, en rétrogradant, plusieurs mèches allumées, afin de faire croire que toutes les forces des catholiques stationnaient là (1).

L'escarmouche de Pamprou montre comment un engagement peut facilement, et sans qu'on le veuille, dégénérer en bataille.

V. — *Combat de Jarnac* (1569). — Une heureuse surprise du passage de la Charente par les catholiques amena ce combat. Après la prise de Châteauneuf, le duc d'Anjou se trouvait sans moyen sûr de traverser, car le pont de cette ville avait été rompu, et était difficile à réparer, surtout en face d'adversaires qui veillaient de l'autre côté : il se débarrassa de ces obstacles par une feinte. Laissant des troupes dans Châteauneuf, il prit la route de Cognac et chemina le long de la rivière : Coligny le suivit en escarmouchant avec lui par-dessus la Charente. Mais le soir même l'amiral se fatigua pour ses volontaires de le côtoyer ainsi et revint loger au village de Bassac avec son avant-garde, laissant à ses chevau-légers et à quelques compagnies de soldats aguerris le soin de garder la rivière. Malheureusement il donna l'ordre de surveiller « *les lieux divers* par où l'on pouvait passer l'eau plus à l'aise, » et éparpilla de la sorte son monde (2). Le duc d'Anjou lança le lendemain des arquebusiers dans un bateau et fit mine de vouloir passer la rivière sur un point ; il abandonna ensuite cette tentative devant la résistance qu'on y opposa, et continua de marcher jusqu'au déclin du jour suivi par les postes des protestants. Mais à la nuit, il courut vers Châteauneuf, y trouva le pont réparé par ses ordres et un pont de bateaux jeté à côté, et fit passer son armée. Ce rapide

(1) Davila, *Histoire des guerres civiles de France*, liv. IV, traduction Baudoin, 1657, t. I, p. 203 et 204.

(2) Cet éparpillement en raison duquel on devient faible partout, constitue la plus mauvaise manière de défendre une rivière : il vaut mieux établir un *gros* poste très-mobile.

passage, effectué sans opposition, déconcerte Coligny, auquel il faut du temps pour rassembler ses postes épars et qui se retire à Jarnac, afin de demander appui au prince de Condé. Celui-ci range sa droite contre un étang, sa gauche contre une colline, et laisse en son centre un espace propre à recevoir les escadrons de l'amiral, car son infanterie se trouve trop loin et une partie même s'est mise à couvert en traversant la rivière, circonstance assez singulière. Il n'était plus temps de résister, les soldats de Coligny, pourchassés par les catholiques résolus à l'action, s'encadrent à peine dans l'espace réservé, qu'ils sont accablés par le nombre et culbutés au point de ne pouvoir gaguer une position forte où leur chef désirait les reformer; le manque d'artillerie dans leurs rangs explique le prompt succès des catholiques : ce succès fut tel que le prince de Condé, qui luttait contre le propre escadron du duc d'Anjou, reçut une blessure, tomba à terre par suite de la mort de son cheval (1), et, après une dernière résistance, un genou en terre, isolé des siens, reçut dans la tête un coup de pistolet qui l'acheva.

Dans cette opération, la victoire demeure au plus habile, à celui qui traverse la Charente en agissant à l'inverse de ce que prévoyait son adversaire, et le force à combattre avant qu'il ait eu le temps de concentrer ses forces et de les ranger en bataille.

VI. — *Combat de La Roche-Abeille* (1569). — Ce combat, dans lequel le roi de Navare, qui devint depuis Henri IV, fit ses premières armes, fut livré par Coligny, malgré la solidité du logement des royalistes, parce que, cantonné au milieu de bois et de pays montagneux, il avait peine à faire vivre les siens, tandis que le duc d'Anjou, fièrement campé La Roche-Abeille sur une colline aux escarpements rabo-

(1) Le duc d'Anjou eut également un cheval tué sous lui.

teux, tenait Limoges à proximité et en tirait des vivres en abondance.

Ce combat eut principalement lieu contre l'aile gauche des catholiques où se trouvait l'infanterie italienne. Les catholiques avaient pour eux l'avantage d'une position dominante et embarrassée par des plantations; les protestants les assaillirent avec une grande supériorité numérique (1), et néanmoins ils n'auraient réussi en rien si Strozzi, piqué des reproches des Français et de leurs regrets sur le comte de Brissac, son prédécesseur comme colonel-général de l'infanterie, n'eût quitté son excellente position pour attaquer, démarche téméraire qui amena sa captivité, ou plutôt, comme le dit Jean de Tavannes (2), ne se fût laissé entraîner, au lieu de tenir ferme, à poursuivre l'ennemi qui simulait une retraite. Ce fut pour les royalistes un échec passager. Les soldats de Strozzi regagnèrent peu à peu leur premier poste, sans permettre qu'on l'entamât. Coligny fut obligé finalement de se retirer. Il paraît que l'artillerie royale demeurait entre les mains de ses arquebusiers, si la pluie n'eut éteint les mèches des armes portées par ces fantassins..

VII. — *Bataille de Moncontour* (1569). — La bataille de Moncontour est l'action la plus considérable des guerres de religion.

On sait dans quelles conditions elle se livra. L'armée royale se composait de troupes fraîches, en nombre imposant, tandis que l'armée protestante se trouvait rongée par sa plaie habituelle, le mécontentement de ses gentilhommes volontaires qui, hors de chez eux depuis un an, aspiraient à

(1) Suivant Davila, ils étaient 4 contre 1.

(2) *Vie de Gaspard de Tavannes*, collection Petitot, t. III p. 96.

y retourner le plus tôt possible, car cette absence les ruinait, et demandaient en conséquence une bataille ou un licenciement. Est-ce pour cela que dans sa marche, Coligny ne se garda pas, et fut surpris comme à Dreux? Cette surprise eut lieu deux jours avant la bataille et l'amena. Pris en flanc, et vivement, par l'artillerie catholique, quoique séparés par un marais, les protestants ne durent qu'à la ténacité de l'amiral, au courage du prince de Navarre, et au dévouement de leurs soldats décimés, de conserver leur position jusqu'au soir (1). Alors ils décampèrent et vinrent se placer dans un poste favorable qui devint le lieu de l'action, non que Coligny désirât lutter après les pertes qu'il venait de subir, mais parce que ses soldats, excités par les mercenaires allemands, demandèrent à tenter la fortune. Arrivés dans la plaine de Moncontour, les chefs protestants durent donc ranger les leurs, au nombre de 16,000 fantassins, 7,000 chevaux et 11 bouches à feu : ils les mirent sur une ligne partagée en deux corps. Cet ordre fut également adopté par les catholiques, mais chez ces derniers un corps de réserve s'étendait derrière le centre formé par les Suisses, et un peu avancé par rapport au front : des arquebusiers et des chariots protégeaient les flancs des Suisses.

Une longue canonnade qui, de part et d'autre, entame rudement les rangs des cavaliers, amène un combat général de cavalerie. L'infanterie suit dans les deux armées les escadrons aux prises Escadrons et bataillons, raconte Davila,

(1) Si les catholiques avaient pu déboucher par la digue large de 25 mètres qui servait à traverser le marais, ils attaquaient en plaine un ennemi lassé et abattu et en auraient eu facilement raison : les chefs protestants le comprirent et de là leurs efforts pour se maintenir.

« *se mêlent* dans le combat fort vaillamment et sans s'épargner. » Le duc d'Anjou, souvent en péril, a son cheval tué sous lui ; un coup de pistolet brise la mâchoire de Coligny ; l'acharnement indiqué par ces deux faits continue. Il semblait que les protestants allaient avoir le dessus, malgré l'ardeur des catholiques désireux de venger les cruautés dont ils accusaient leurs adversaires (1). A ce moment les Suisses donnent dans la mêlée et rien n'arrête leur effort, pas même 1,500 reîtres que les coups des arquebusiers postés derrière les chariots obligent à s'arrêter. Voyant l'avantage obtenu par les Suisses, Tavannes le consolide et assure le succès au drapeau royal en faisant donner sa réserve : cette réserve agit d'autant plus sûrement qu'elle se compose d'escadrons de lances, c'est-à-dire de cavaliers armés de lances et placés sur plusieurs rangs, qui rencontrent les cavaliers protestants rangés en haies et dénués de lances (2). Ainsi, entre ces deux armées à peu près égales en nombre et en persévérance, la victoire demeure au plus prévoyant. Un détail servira à le montrer autant que le fait principal. Au début de l'action, l'amiral frappé de voir 17 cornettes fondre sur lui, réclame 3 cornettes au chef de sa bataille ou corps principal ; ce chef (c'était le comte Louis de Nassau), au lieu d'envoyer les cornettes susdites sous les ordres de l'un de ses officiers, les conduit lui-même, et comme bientôt la gravité de la lutte l'oblige à demeurer près de Coligny, son corps reste sans direction. « S'il eût été à sa tête, fait observer La Noue, et on l'en peut croire, ce corps eût fait un plus grand effort (3). » Evidemment, le comte Louis pensait avoir le

(1) Notamment dans la journée de La Roche-Abeille.

(2) Lisez le 15ᵉ discours de La Noue.

(3) *Discours politiques et militaires*, observations finales,

temps de conférer avec l'amiral et de revenir à son poste : s'il ne l'eut pas, c'est que la bataille fut vivement menée, ce qui est à l'éloge du vainqueur, de Tavannes, qui en fut le véritable ordonnateur sous le nom du duc d'Anjou ; elle dura en effet une demi-heure, la canonnade une fois terminée, et cette promptitude marque encore un progrès dans l'art militaire du temps.

VIII. — *Action d'Arnay-le-Duc* (1570). — Nous citons cette action comme prouvant l'importance que les guerriers réfléchis commençaient à attacher aux positions défensives. Là, en effet, au moyen de plis de terrain garantissant ses arquebusiers, jetés entre deux étangs et un moulin qui rompent la continuité d'une pente douce, Coligny, dénué d'artillerie, arrête tous les efforts du maréchal de Cossé, de son armée quadruple en nombre, de ses canons, et l'oblige à rétrograder, à lui laisser la liberté de ses opérations.

IX. — *Bataille de Coutras* (1587). — Dans cette bataille, où les protestants, guidés par Henri de Navarre, resteront victorieux, on reconnait non-seulement l'influence d'un chef habile, mais dans les détails même il y a du mieux joué de la part des officiers protestants, et l'on sent qu'à faire la guerre depuis 25 ans, ils l'ont enfin apprise.

L'influence du chef se traduit par les faits suivants.

L'armée protestante, pour mieux couvrir Coutras, dont l'occupation est importante, et où elle a devancé l'adversaire par un prompt passage de la Dronne à gué, se range en croissant (1) convexe en avant de cette ville, disposition rarement

3es troubles, *De la bataille de Moncontour*. — La Noue fut fait prisonnier dans cette action.

(1) Les expressions de d'Aubigné ne laissent aucun doute à ce sujet.

employée (1) dans les batailles du XVIe siècle, comme le remarque l'auteur compétent d'un travail historique sur la période des guerres de religion comprise de 1585 à 1590 (2), et, de plus, elle s'arc-boute à droite contre un bois, à gauche contre un large fossé, ce qui assure un degré plus marqué à sa résistance, si toutefois sa ligne ne se rompt pas pendant la lutte.

Derrière l'aile droite il y a une forte réserve, 1,800 fantassins environ campés dans le bois.

L'infanterie forme les deux ailes ; les escadrons occupent le centre, mais entrelardés de petits carrés d'infanterie de 25 hommes chacun.

L'artillerie était sur une éminence, dite La Motte-de-Loupsil.

L'armée catholique se rangea parallèlement à ces dispositions, en croissant, mais en croissant dont la cavité regar-

(1) Davila rapporte pourtant que, peu de temps avant la bataille de Coutras, l'armée catholique « était rangée *en forme de demi-lune*, entre deux collines, la cavalerie à côté et l'infanterie entre les vignes et les fossés des chemins, défendue par l'artillerie qu'on avait flanquée sur le haut d'un petit mont : ce qu'il faisait si beau voir que les capitaines allemands arrivés devant avec les premières troupes de leur armée, jugèrent qu'il n'y avait point d'apparence de se battre en un lieu si avantageux aux ennemis et si fort d'assiette. » *Histoire des guerres civiles de France*, liv. III, traduction Baudoin, t. I, p. 464.

(2) M. le général de Saint-Yon, *Guerres de religion de* 1585 *à* 1590, fragment de l'*Histoire militaire de la France*, inséré au *Spectateur militaire* en 1834, et tiré à part, in-8°, avec plans de bataille. Ce travail a été rédigé d'après les documents recueillis et discutés par le comité d'état major, dont l'auteur, alors colonel, était secrétaire.

dait l'ennemi : elle récolta donc, comme eût fait un entonnoir et sans en perdre un seul, tous les projectiles des protestants. Bientôt décimée outre mesure, il lui fallut bouger ; son élan de revanche eut une impétuosité telle que les chevau-légers de l'ennemi furent enfoncés et rejetés dans Coutras. L'infanterie protestante tint ferme. Joyeuse, chef de l'armée de la Ligue, ne s'était pas attendu à une résistance semblable : pour la surmonter, il s'élance inopinément avec des cavaliers d'élite et donne le signal de la charge ; mais cette charge n'a pas été préparée, elle s'opère d'une façon décousue, et les cavaliers qui l'exécutent, partis de beaucoup trop loin, de 800 mètres (1), ne dirigent bientôt que des chevaux essoufflés et incapables d'agir. Le roi de Navarre les laisse approcher jusqu'à trente pas, puis ordonne une attaque générale. Ses gros escadrons, qui prennent le galop à dix pas seulement, culbutent la ligne flottante des cavaliers catholiques, se rejettent sur l'infanterie, lui font éprouver le même sort et achèvent ainsi d'obtenir la victoire.

La supériorité des officiers protestants sur les officiers catholiques se remarque facilement dans cette journée.

Ainsi, l'artillerie huguenote enlève 12, 15 et même 25 hommes par coup à l'ennemi (2), tandis que l'artillerie catholique n'a que des coups fichants qui n'atteignent pas : la première cause d'énormes ravages parmi les troupes du duc de Joyeuse, et ce n'est pas le nombre de ses pièces qui produit ce résultat, car il ne dépasse pas trois ; ainsi trois bouches à feu, combattues par deux autres, exercent une influence décisive par la manière habile dont on sait les employer.

(1) Une charge doit partir à la distance de 2 à 300 mètres seulement de l'ennemi.

(2) La première décharge tua sept capitaines catholiques.

L'inexpérience des royalistes en artillerie se retrouve dans les manœuvres, et ils brillent plus par le luxe que par la connaissance approfondie de l'art militaire.

Singulier revirement, et la présence d'un favori à la tête de l'armée royale produit-elle seule ce résultat ? Nous ne le croyons pas. Les officiers protestants se sont formés, instruits ; ils savent la guerre, et le génie du prince, qui devint Henri IV, fournit à leur savoir comme à leur courage la plus belle occasion de se déployer.

X. — *Bataille d'Arques* (1589). — Le dernier des historiens de Henri IV insiste pour montrer à la place de cette bataille une série de combats (1) se succédant à des jours rapprochés : une fois rangées en bataille, en effet, les armées restèrent longtemps en regard, mais le dernier jour il survint une action plus considérable, bien combinée, et c'est à elle que l'on donne le nom de bataille d'Arques ; l'expression n'est pas trop ambitieuse et s'applique non pas à l'ensemble des jours de la lutte livrée près de Dieppe, comme pour la bataille moderne d'Arcole, mais au dernier jour seulement.

Henri IV campait en avant d'Arques, quand le duc de Mayenne vint aux environs de Dieppe et chercha à tourner sa position d'abord en s'emparant du faubourg du Pollet, ensuite en brusquant le passage de la rivière de Béthune vis-à-vis le village de Bouteille. Ces deux tentatives échouèrent, et le chef de la Ligue dut se résoudre à attaquer

(1) Les *Mémoires du duc de la Force* parlent de *deux* journées d'Arques, sans vider les lieux de part ni d'autre : « Nos (il appar- « tenait à l'armée du Roi) premières attaques, dit-il, furent si « désavantageuses aux ennemis, et leur apportèrent un tel éton- « nement, qu'ils demeurèrent deux ou trois jours à nous contem- « pler sans rien entreprendre. »

en face et se porter par Martin-Église contre le front de l'armée royale. Ce front s'étendait de la rivière d'Eaulne à la forêt d'Arques, couvert par un retranchement à cheval sur le chemin d'Arques à Martin-Église : ce retranchement, très-simple, se composait d'un parapet en ligne droite enclavant une chapelle qui formait saillie et le flanquait; il laissait entre son extrémité gauche et l'Eaulne un passage libre de 150 mètres de largeur. A 800 mètres en arrière s'élevait un second retranchement de figure bastionnée, qui fermait par derrière le camp royal. Entre les deux retranchements, se tenait le régiment suisse de Soleure. Sur son flanc gauche, l'armée du Béarnais se trouvait protégée par les trois rivières d'Arques, de Béthune et d'Eaulne, dont les confluents se touchent presque et sont entourés de marais *assez fâcheux*, suivant l'expression d'un contemporain ; sur son flanc droit s'étendait une colline, puis la forêt d'Arques, obstacles assurément, mais obstacles accessibles, et c'est pourquoi le maréchal de Biron se posta à l'extrémité droite du premier retranchement avec deux compagnies et plusieurs volontaires. Il n'était pas jusqu'au château d'Arques qui, prenant des vues sur le champ de bataille, ne vînt en aide avec son artillerie aux troupes royales. Ces détails font comprendre combien la position de Henri IV était forte, et avec quelle habileté ce monarque réduit, dit-on, à moins de 7,000 combattants (1), secondait ce qu'il appelait gaiement *son bon droit*. Ils expliquent également l'hésitation du duc de

(1) 5,500 fantassins, 700 chevaux et 8 canons, suivant M. le général de Saint-Yon. Cet écrivain ne s'explique pas une telle réduction, Henri IV ayant conservé, à l'assassinat de Henri III et malgré la désertion qui en fut la conséquence, plus de 11,000 soldats.

Mayenne et ces deux ou trois jours d'expectative, uniquement employés à des escarmouches. Enfin, le 23 septembre, celui-ci fait descendre toute son armée dans la plaine, cette plaine qui mesure deux mille pas à peine ; ses fantassins choquent contre le retranchement ; ses cavaliers cherchent à profiter de l'intervalle resté libre. Ces derniers, débouchant sur plusieurs lignes, obligent la cavalerie royale à céder, juste à l'instant où les lansquenets des Ligueurs parviennent dans le retranchement, et où Biron se trouve pressé de fort près. En même temps (1), le brouillard se dissipe et les 4 canons du château d'Arques, soutenus par ceux du retranchement, ouvrent leur feu ; leurs projectiles, adroitement dirigés, tombent tous au milieu de la cavalerie des Ligueurs entassée dans l'étroit espace où elle s'est engagée. La supériorité numérique de cette cavalerie, naguère à son avantage lors du choc, tourne à son détriment quand il s'agit de supporter le feu d'une artillerie qui la domine, et les escadrons de Mayenne commencent à se retirer en désordre. Ce revirement heureux est appuyé par l'apparition inopinée de 500 arquebusiers accourus de Dieppe au soutien de l'armée royale. Henri IV saisit ce moment pour reprendre l'offensive sur sa droite, dégager le maréchal de Biron, et replacer ses fantassins dans le premier retranchement (2). Cette position reprise et renforcée de toute l'artillerie en arrière, les Ligueurs reçoivent des feux multiples : ceux du château

(1) Il était onze heures du matin.

(2) Lors de la retraite de l'infanterie des Ligueurs, 300 de leurs lansquenets, qui s'étaient plus engagés que les autres, furent cernés et obligés de se rendre ; mais ils ne voulurent jamais remettre leurs armes, ce qui leur fut accordé sous promesse de se tenir là où on les conduirait ; mais ils faussèrent leur parole donnée (*Mém. de La Force*).

d'Arques, ceux du retranchement; ils essaient en vain de résister encore, une panique les saisit et ils fuient sans que plus de 10 cavaliers fassent mine de tourner tête. L'infériorité du roi comme effectif, l'empêche de profiter de son succès; craignant une seconde attaque sur son camp (1), il lève pied le lendemain matin, traverse Arques, y laisse garnison et regagne Dieppe.

XI. *Bataille d'Ivry* (1590). — Dans la journée d'Ivry, c'est encore le petit nombre (2) qui triomphe du grand. Il triomphe par de meilleures dispositions.

Henri IV ne donne pas à son armée un front étendu, parce que son but consiste à percer la ligne de ses adversaires avec son centre renforcé (3) et formé d'un escadron de 600 chevaux placés sur cinq rangs de profondeur : cette fois toute l'initiative de l'attaque lui appartient, car c'est lui qui marche à la rencontre de Mayenne. Il se ménage une réserve de 2,400 fantassins et 800 chevaux. Les ligueurs occupent une ligne unique et concave, où leur cavalerie est entremêlée à l'infanterie comme dans l'armée adverse, mais dans celle-ci des pelotons d'arquebusiers à pied (4) flanquent chaque escadron.

L'action commence par une canonnade qui procure aux royalistes une supériorité marquée. Pour se soustraire à un

(1) *Relation de la bataille d'Arques*, insérée au *Journal militaire*, partie non officielle, n° 2 de novembre 1818, avec une carte de la vallée d'Arques levée en 1708 par le capitaine du génie Saint-Léger.

(2) 11,000 hommes contre 16,000.

(3) *Guerres de religion*, par le général de Saint-Yon.

(4) D'après le liv. III des *Mémoires de Sully*, ce sont des arquebusiers à cheval démontés exprès pour remplir cette destination et dont les montures ont été renvoyées aux bagages.

feu aussi meurtrier l'aile droite des ligueurs attaque l'artillerie qui les foudroie, tue les canonniers et culbute un corps de chevau-légers : le maréchal d'Aumont charge pour dégager ces derniers, y réussit et revient sans fougue inconsidérée reprendre sa place dans l'ordre de bataille. Ailleurs les pelotons d'arquebusiers arrêtent la cavalerie des ligueurs. Mayenne accourt avec ses lanciers, mais il rencontre mal à propos ses propres reîtres débandés, se voit obligé de faire halte et d'abaisser les lances contre eux. Henri IV, pour ne pas perdre une si belle occasion qui se présentait à lui par suite du désordre des ennemis, commande la charge et s'élance en avant. Son escadron, dont le premier rang se composait de gentilshommes, le suit avec bravoure et fait merveille : renversé, tout le centre de l'armée s'enfuit. La déroute de ce centre entraîne la reddition ou la disparition du restant des ligueurs. Ce fut une lutte de cavalerie ; l'infanterie royale n'eut pas même à combattre, et quant à la réserve, elle ne bougea pas, mais imposa par son attitude menaçante. Biron commandait cette réserve, Biron, ce chef, qui reprochait souvent au roi son élan immodéré, lui disant combien de fois il avait dû remplir ses fonctions alors qu'il se laissait entraîner à jouer son rôle. La sage attente de Biron, le retour du maréchal d'Aumont à sa place dans l'ordre de bataille après sa charge, tout cela indique combien l'art de la guerre de la période des guerres de religion s'éloigne des usages irréfléchis de la chevalerie et conduit à n'agir qu'au moment favorable et avec prudence.

Observations générales sur les batailles. — Nous avons lu quelque part, ce nous semble, que dans les batailles du temps qui nous occupe, l'avant-garde de l'armée prenait ordinairement la droite de l'ordre de bataille. Pour justifier ce fait, indiquant que l'armée se déployait la droite en tête en arrivant sur le champ de bataille, nous rappellerons la bataille de Dreux (1562) où cela eut lieu dans l'armée catholique (1). En tout cas, dans l'ordre de bataille, l'avant-garde s'échelonnait le plus souvent par rapport au corps de bataille et se trouvait en avant si l'on combattait dans l'ordre naturel, en arrière si l'on se battait en retraite (2) : c'est dire qu'on en était pas à l'ordre parallèle pur et simple, comme l'entendait Philippe de Clèves dans le cas où l'adversaire abordait avec les trois fractions de son ordre de bataille. On en était si peu à cet ordre d'une manière exclusive que l'on voit, plusieurs années après la publication de l'ouvrage de cet auteur, les habitants des Pays-Bas, luttant contre le duc d'Albe, adopter souvent pour le combat la disposition *en demi-lune*, ou l'ordre concave (3).

On savait très-bien mettre le terrain et ses particularités en sa faveur. A Ivry, Henri IV effectue un mouvement pour se ménager le soleil à dos. Quant à la pluie il était plus difficile de s'en garantir, et pourtant elle rendait souvent les arquebusiers incapables de pouvoir tirer (4).

(1) A Coutras, les derniers régiments arrivés forment une réserve à droite; mais il est douteux que ces régiments fussent l'avant-garde, et former une réserve (même à droite) n'est pas former la droite de l'ordre de bataille.

(2) V. Carrion-Nisas, *Histoire de l'Art militaire*, t. I, p. 511, note.

(3) Consultez les *Commentaires de Bernardino de Mendoça sur les événements de la guerre des Pays-Bas*, 1567-1577, traduction nouvelle par M. Loumier, annotée par M. le colonel Guillaume. — Publication de la société de l'*Hist. de Belgique*, t. I, Bruxelles, 1860, p. 363.

(4) La Noue cite un orage qui laissa 10 arquebusiers seulement sur 4,000 à même de faire feu. 27e *discours*, ou observations finales. 1ers troubles, chap. V, intitulé *Par quelle action la guerre commença*.

On utilisait surtout les circonstances locales par le choix des positions, et c'est en cela qu'éclataient les talents d'un capitaine comme le proclame un contemporain.

Les chefs d'armée savaient, et cela depuis le milieu du siècle, qu'il était salutaire, afin « d'étonner l'ennemi en survenant inopinément (1), » de garder en réserve une des fractions de la ligne de bataille (2). Seulement cette fraction restait ordinairement faible, quoique divisée en plusieurs parties, et c'était un inconvénient à cause de l'étendue et de l'amincissement de la ligne unique dont se composait l'ordre de bataille.

Cet ordre comportait souvent un mélange confus d'escadrons et de bataillons, au milieu duquel la cavalerie occupa quelquefois le centre, étant appuyée sur les deux ailes par l'infanterie de l'avant-garde et du corps de bataille. Pourtant, après une période où l'ensemble de l'ordre de bataille fut mal ordonné et présenta un entremêlement singulier de fantassins et de chevaux, qui amena des désastres (3), on en revint à un ordre de bataille imité des anciens, c'est-à-dire, à séparer l'infanterie et la cavalerie, et à mettre cette dernière à part et sur les flancs, disposition dont Bardin (4) attribue le renouvellement à Farnèze. Jérémie de Billon, dans ses *Principes de l'art militaire* (5), montre en effet le colonel de l'infanterie comme obligé de se poster « à la tête des bataillons, au droit

(1) Charron, *De la Sagesse*, liv. III, chap. 3, § 36.

(2) Philippe de Clèves et de Ravenstein, *Instruction sur la manière de guerroyer*, 1558, page 82.

(3) Dans la journée de Moncontour, Coligny entremêle encore des arquebusiers de choix avec ses compagnies de cavalerie, mélange qui ne lui réussit pas, au dire de La Noue.

(4) *Dictionnaire de l'armée de terre*, au mot *Ordre de bataille*, p. 4213.

(5) Lyon, 1612, in-4°, p. 106.

du milieu du front de l'armée, » ce qui indique nettement l'infanterie comme placée au centre : seulement cet auteur reflète les usages hollandais (1) plus que les nôtres, et il écrit à la fin des guerres de religion, époque à laquelle l'usage de l'ordre de bataille régulier, tel que l'antiquité nous l'a légué, est plus répandu. Nous ne disons pas que cet usage soit complet et absolu, parce que Maurice de Nassau, dans son ordre de bataille devant Juliers, en 1610, et onze ans plus tard devant Emeric, place de la cavalerie à ses deux ailes, mais en met également, sinon sur son centre, au moins aux deux tiers de sa ligne, à droite et à gauche.

§ XI

FORTIFICATION.

Pendant les guerres de religion, en la dernière moitié du XVIe siècle, il s'agit encore, dans la plupart des cas, de la fortification féodale, témoin ce château de Gratedos, à douze kilomètres de Langres, contenant, même en 1591, pour garnison, trente arquebusiers *à cheval* qui s'en servaient comme d'un repaire pour ravager le pays environnant.

A cette même époque, le château de Bonencontre, situé sur la Saône, non loin de Dijon, « était d'importance, rapporte Guillaume de Tavannes dans ses Mémoires, pour être bâti tout de briques, avec quatre grands pavillons à machicoulis, les murailles de même, épaisses de sept ou huit pieds, avec de grands piliers de pierre du haut en bas. » Le maréchal de Tavannes lui ajouta quatre boulevarts, avec doubles fossés.

Ne nous étonnons pas de voir subsister, pendant la lutte

(1) Il avait été au service du prince d'Orange avant de combattre pour la France sous Henri IV.

des guerres de religion, la fortification à murailles élevées, aux masses imposantes, mais vues de loin et faciles à battre en brèche. La fortification rasante, réclamée par les progrès de l'artillerie, débutait à peine : ses premières constructions, près de la France, l'enceinte de Calais et la citadelle d'Anvers par exemple, dues la première aux Anglais et la deuxième à Paciotto d'Urbin, sont ou un peu antérieures ou contemporaines des guerres religieuses (1) et elles offrent plutôt des fortifications *terrassées* (2) que des fortifications abaissées presque au ras du sol. Dans la *Vie de Gaspard de Tavannes*, écrite par son fils Jean, on parle bien, à la date de 1565 (3), des bastions (4), mais c'est une digression comme cette vie en offre tant, présentée théoriquement plutôt qu'en vue d'un

(1) La fortification bastionnée d'Anvers date de 1540, la citadelle d'Anvers de 1567. Les premiers bastions apparaissent, il est vrai, vers la fin du xve siècle, mais sans appartenir encore à la fortification entièrement rasante ; ils dominent trop, et leurs grosses maçonneries sont vues de l'extérieur.

(2) Albert Dürer et Castriotto, ingénieur général de France sous Henri II, réunissaient par des voûtes, pour les rendre plus solides, les contre-forts perpendiculaires aux murs et entre lesquels on tassait les terres formant la masse principale du rempart, celle qui, d'après les nouvelles idées, résistait le mieux au canon.

(3) Ces mémoires ont été écrits *après* les guerres de religion (où le vicomte Jean de Tavannes figurait parmi les ligueurs) de 1598 à 1628.

(4) On disait auparavant dans ce sens *boulevards ;* ainsi l'enceinte de Calais, presque carrée, contenait (en 1558), sur un de ses angles, le château, et sur chacun des trois autres angles un gros « boulevert en pointe et triangulaire, » dit François de Rabutin au livre X de ses Commentaires des dernières guerres en la Gaule Belgique. Voyez p. 205 du tome II des *Études sur le passé et l'avenir de l'artillerie*, et page 573 des mémoires de Boyvin du Villars pour la synonimie des mots *bastion* et *boulevard*.

objet déjà appliqué ; et en effet, il ne paraît pas que la construction des bastions remonte en France antérieurement à 1569 où Scipion Vergano, ingénieur italien (1) en éleva quelques-uns à La Rochelle (2). Toutefois, Jean de Tavannes se prononce pour les bastions de grandeur moyenne et les veut se flanquant rien que par l'arquebuserie. Il va trop loin quand il demande que l'arquebusier puisse effectuer ce flanquement « de blanc en blanc, » c'est-à-dire à portée efficace, assez efficace, ajoute-t-il, pour « que son coup puisse percer une cuirasse, » car atteindre l'ennemi dans ce cas, c'est déjà un résultat, vu que l'effet moral devient alors considérable. « Il ne faut s'attendre, dit-il, de défendre les brèches par artillerie, dont les promptes recharges n'égalent celles du mousquet. » Il parle en termes sensés de la tenaille, prétendant l'avoir inventée, puis montre son utilité pour couvrir le mur de la courtine en arrière et contraindre l'assiégeant à une étape de plus ; il propose de construire la muraille de la courtine en larges et grandes arcades comme les arceaux d'un pont, afin que le canon soit obligé de couper tous les piliers de ces arcades pour faire brèche, mais il ne peut être compté parmi les précurseurs des voûtes en décharge, ce genre de construction remontant, comme essai, à plusieurs années avant sa proposition (3).

(1) Le premier ingénieur *français*, Errard, de Bar-le-Duc, qui ait créé et appliqué un système de fortification, appartient au règne de Henri IV ; il bastionna les côtés faibles de Montreuil et commença dès 1597 la construction de la citadelle d'Amiens. Errard fait tomber son flanc à angle *aigu* sur la courtine.

(2) Voyez la description des fortifications de La Rochelle, à cette époque, en tête de la *Relation du siége de La Rochelle par le duc d'Anjou en* 1573, par M. le capitaine (aujourd'hui colonel) du génie, Genet, 1848.

(3) Voyez la note 2 de la page précédente.

On barrait les rivières qui donnaient accès dans les ports au moyen de chaînes en fer, moyen auquel on n'a pas encore, aujourd'hui, entièrement renoncé ; mais avec de l'habileté et l'audace un petit bateau parvenait à s'affranchir de cette entrave (1).

La Noue nous montre l'importance des progrès de la fortification au XVIe siècle quand il écrit : « Je ne serai pas de l'opinion de ceux qui s'élèvent contre les nouveautés, car ils me font souvenir de plusieurs de nos pères qui se moquaient de tant d'inventions dont on se sert pour la fortification des places et disaient que c'étaient inventions italiques (2) et qu'un bon gros rempart suffisait pour garantir les hommes de l'impétuosité du canon, sur lequel il le fallait défendre pique à pique. Et toutefois l'expérience nous a fait voir qu'alors les villes se prenaient en huit jours, où à présent on consume quasi une saison tant il faut combattre de fois avant qu'on ait gagné un ravelin, puis le fossé, en après le rempart, puis le retranchement. »

On construisait, en campagne, des ouvrages de fortification improvisés comme de nos jours. En 1569 les royalistes, arrivant à Châteauneuf (près Cognac), y font rétablir une arche rompue et élèvent un ravelin (tête de pont) pour garantir l'autre extrémité du pont. Les pionniers exécutent ce travail. Les soldats mettaient rarement la main à la terre : on voit pourtant, sur le champ de bataille d'Arques, les Suisses exécuter les retranchements qui ajoutent à la force de la position de Henri IV à raison d'un teston (3) par jour. Ces re-

(1) C'est ainsi que Montgommery s'échappa de Rouen (1562).

(2) La fortification bastionnée fut imaginée par les Italiens.

(3) Pièce d'argent portant la *teste* (tête) du roi. *Mémoires du duc de La Force*, 1843, tome I, p. 69.

tranchements, le maréchal de Biron les trace lui-même, d'où l'on peut conclure que ce soin ne paraissait pas indigne de leurs fonctions aux chefs de guerre les plus haut placés.

Quand on établissait un poste en rase campagne, dans un vallon, on le couvrait. Ainsi, en 1569, près Saint-Yrier, deux régiments de pied, placés comme corps avancé, « avaient pour défenses et gabionades (en cas qu'ils fussent assaillis) force palissades, haies en chastaigniers, qui sont communs en ce pays (1). »

Les *enginieurs* (2) ou *ingéniaires* de ce temps étaient la plupart des constructeurs ou architectes étrangers, plutôt payés par vacations ou en raison de leurs travaux que par un traitement fixe annuel (3). Ceux employés près des armées françaises sont si mal appointés que les chefs d'armée se croient parfois obligés de leur commander moins de choses que s'ils étaient mieux traités (4). Cette exiguïté de la position faite aux ingénieurs, dont Vauban, lui aussi, se plaindra plus tard en faveur du personnel placé sous ses ordres, frappe d'autant plus que la nouvelle méthode de fortifier, la méthode italienne, presque adoptée à la fin du XVIe siècle, était fort coûteuse et ne pouvait être pratiquée que par de puissants princes, au dire de La Noue.

(1) *Histoire des troubles*, par Le Frère, t. I, feuillet 349, au verso.

(2) Du mot *engin*; Montaigne employait encore cette forme en 1580.

(3) Ceci se rapporte à la Belgique.

(4) Par exemple le maréchal de Brissac, en Piémont (1555). Voyez *Mémoires de Boyvin du Villars*, 1606, p. 465.

§ XII

ATTAQUE ET DÉFENSE DES PLACES.

La ruse forme le procédé le plus habituel d'attaque, surtout quand il s'agit de petites places de guerre, de châteaux. Les exemples abondent et il semble utile d'en citer quelques-uns (1).

En 1562, le fort Sainte-Catherine, à Rouen, fut enlevé par escalade, *en plein jour*, escalade qui réussit et parce qu'elle eut lieu à la fois sur tous les côtés de l'enceinte, et parce que les officiers des troupes de la défense se trouvaient absents, ayant pris la mauvaise habitude, après avoir veillé durant la nuit, d'aller en ville pendant le jour pour se divertir.

La même année, Gaspard de Tavannes, depuis maréchal de France, s'empare de Mâcon, en vue de l'armée protestante, en faisant avancer près d'une porte (2) de cette ville trois chariots chargés de gerbes de blé et conduits par des soldats déguisés en paysans : une maison voisine, sise à l'extérieur, est également occupée par les siens. A l'ouverture de la porte, un chariot pénètre sur le pont, s'y embarrasse à dessein, et les charretiers de se jeter sur les portiers et sur quelques habitants qui veulent les défendre : au bout d'une demi-heure de lutte, la ville demeure aux assaillants.

En 1570 les protestants reprennent sur les catholiques une

(1) Nous ne citons qu'à partir de 1562, année où débutent les guerres de religion. Déjà, en 1558, Arlon avait été prise par la ruse, au moyen de la découverte d'un soldat, secondée par l'énergie du capitaine Gohas, depuis chef du régiment de Champagne.

(2) Amiens fut surprise (1597) de la même manière.

tour servant de moulin et sise près de Salenas, sur la rivière de l'Ardèche, grâce au déguisement en femmes de quatre jeunes soldats qui se saisissent du pont-levis en feignant de décharger le blé porté par leurs ânes.

En 1575, Puygaillard surprend Joigny dont il avait obtenu l'entrée sous prétexte d'y amener prisonniers des soldats pillards, à l'effet de les faire pendre dans cette ville pour l'exemple (1).

La tour remplie de sel, nommée Milamperle, près la petite cité de Marcigny (2), cette tour bien flanquée et bien fossoyée, laquelle contenait trente soldats, fut surprise par des mousquetaires venus derrière des chariots de foin, et, les voyant prêts à ouvrir la sape, se rendit (1590).

On pénétrait dans une place au moyen d'une échelle suspendue à une corde qu'un traître attachait au haut du rempart, ou l'on attirait au dehors, dans une embuscade, le chef de la garnison d'un château sous le prétexte de lui faire protéger les habitants des environs, mais en réalité pour le tuer et se saisir, en son absence, de l'autorité.

Le caractère général des siéges effectués en France, pendant les guerres de religion, c'est qu'ils sont presque tous entrepris avec des ressources insuffisantes.

Il existe néanmoins, pour l'attaque des places, des usages réguliers et pratiques.

Quand on donne l'escalade, on a soin de le faire sur les côtés *non flanqués* (3), là où les assiégeants ne disposent que de feux directs et inoffensifs par rapport au pied des mu-

(1) Voyez *Mémoires de Claude Haton*, p. 807.

(2) A une cinquantaine de kilomètres ouest de Mâcon.

(3) Par exemple à la surprise de Sisteron, en 1570. Consultez les *Mémoires de Vieilleville*, liv. X, chap. XI.

railles. Un contemporain (1) recommande de ne jamais battre sans voir le pied du mur, « préférant que la contre-escarpe soit abattue avant qu'on cherche à entamer l'escarpe ; » il est encore plus dans la bonne voie et parle comme Vauban quand il dit : « Plus on se précipite et plus de reculement, » car cela signifie que l'art d'assiéger exige de la régularité, du sang-froid et de la patience. Montluc ajoute, avec raison, qu'il faut connaitre cet art et y être entré par l'expérience et la vue pour réussir dans cette partie de la guerre : « C'est, écrit-il, la chose la plus difficile et la plus importante ; plusieurs sont bons et grands capitaines qui s'y trouvèrent empêchés ; il faut avoir fort pratiqué cela, savoir que c'est des fortifications, remarquer et connaitre le défaut d'un bastion, d'un éperon, d'un flanc, deviner ce que peut être fait par dedans, par ce que vous-même feriez si vous étiez dedans (2). »

Nous devons citer, en procédés réguliers, celui de pousser les tranchées (3) sur le terrain entre deux bastions au-delà des pointes de ces bastions, de se couvrir lestement alors au

(1) Jean de Tavannes. Voyez *Vie de Gaspard de Tavannes*, t. II, p. 73.

(2) *Commentaires de Montluc*, liv. X, p. 276 de l'édition du *Panthéon littéraire*.

(3) Montluc est l'inventeur de retours ou places d'armes qu'i nomme des *arrière-coings* et qui, construits à de certains intervalles, tantôt à gauche, tantôt à droite de la tranchée, peuvent contenir des soldats destinés à protéger, par leur feu, les travailleurs. Ce progrès, datant du siége de Thionville (1558), n'appartient point à la période des guerres de religion. Montluc fut aussi l'un des premiers à faire travailler les soldats à la terre pendant les siéges, labeur considéré par eux comme dégradant.

moyen des fascines appuyées contre des chandeliers (1) en bois et de gagner ainsi la contre-escarpe, ce mur opposé à l'escarpe et qui limite le fossé par un obstacle de plus, ou bien, encore, de parvenir jusque-là couverts par des saucisses (2) roulées devant eux comme aujourd'hui nos gabions farcis. Une fois au fossé, on exécutait un pont de bateaux sur les fossés pleins d'eau, en garnissant ce pont de rideaux en fascines nommées blindes. Arrivé à l'escarpe, on établissait un logement pour vingt hommes, logement qui s'agrandissait rapidement et devenait un poste. Ces procédés inventés, ou mieux, appliqués dans les Pays-Bas, où la lutte était vive, paraissent connus et pratiqués en France pendant les guerres de religion, avec les différences inhérentes aux situations. Toutefois, comme il existe plus d'imprévu dans les guerres civiles, le calcul au moyen duquel on présumait la durée probable de la résistance (3), ce calcul se fait moins en France et nos guerriers lui accordent moins de confiance.

En revanche, on suit les principes avec opiniâtreté et malgré les difficultés locales. En assiégeant, par exemple, le Havre, défendu par les Anglais (1563), on fait les tranchées dans un terrain de pierres et de gravois, sans avoir de terre, de gabions ou de fascines pour se couvrir, et ces tranchées, longues de huit cents pas, à peine protégées par des sacs de laine ou par du sable mouillé, sont, en outre, lavées par la marée ; on les pousse pourtant jusqu'au bout de la jetée des assiégés (4).

(1) Grandes équerres se tenant seules sans être plantées en terre.

(2) Ces saucisses, ou gros gabions en bois, paraissent avoir été remplies de terres et de briques.

(3) On l'a appelé depuis l'*Analyse des Forteresses*.

(4) *Mémoires de Castelnau*, V, 2.

On exécute des mines creusées sous le sol afin de parvenir à l'insu de l'ennemi au-dessous des murailles et d'y placer des fourneaux remplis de poudre ; mais l'on prend soin de conduire ces mines de façon qu'elles ne soulèvent pas des amas de terre derrière lesquels les assiégés puissent se remparer et se poster avantageusement pour tirer.

On choisit avec attention le meilleur emplacement pour faire brèche. Déjà, au siége d'Ivoy (1542), quatre canons ouvrent une brèche en cinq heures

Les batteries de brèche sont construites en couches alternatives de terre pressée et de fascines, et pour le faire, l'assiégeant va chercher des branchages fort loin si les alentours de la place ont été au préalable dévastés par les défenseurs, comme l'avaient fait en 1573 les habitants de La Rochelle.

L'usage de s'opiniâtrer dans les travaux d'un siége et de les mener méthodiquement, n'empêche pas d'improviser parfois une attaque réelle et de prendre ainsi le défenseur au dépourvu.

Ainsi, pour les mines dont il vient d'être question, nous voyons s'affranchir du travail pénible de les creuser à pas successifs en s'approchant d'une tour avec des mantelets, puis en formant au pied de cette tour des excavations capables de recevoir chacune un baril de poudre ; cela se passe au siége de Dreux, en 1593, et trois de ces excavations, préparées de la sorte, abattent une partie de la tour par leur explosion, tout en causant de moindres dommages que la mine ordinaire (1).

(1) Ce procédé fut imaginé par un ingénieur anglais qui se trouvait sans doute au nombre des officiers du corps auxiliaire fourni à Henri IV par Elisabeth. *Histoire des guerres civiles,* par Davila, liv. XIII, traduction Baudouin, 1657, t. II, p. 376.

Ainsi, on enfonçait les portes des villes et châteaux au moyen d'un pétard, invention nouvelle (1), qui s'accrochait contre les parois et les renversait ou les endommageait assez pour que l'on pût ensuite élargir à coups de hache l'ouverture produite. A la prise de Cahors, par Henri IV, en 1580, et à la prise du château de Semur par Tavannes, en 1589, le pétard joue son rôle.

Ainsi, on brusquait parfois les attaques. En 1563, le duc de Guise enleva de la sorte le faubourg du Portereau à Orléans, au moyen de son infanterie qui, précédée de quatre coulevrines, renversa les barricades pour chasser devant elle les protestants et faillit même atteindre les portes de la ville assez à temps pour y pénétrer avec les fuyards (2).

Une fois introduit dans la place, s'il y a guerre de rues, l'assaillant se couvre souvent pour avancer dans ses cheminements « de manteaux en bois de chêne épais d'un demi-pied, longs de quatorze coudées (6 mèt. 30 cent.), larges de cinq (2 mèt. 25 cent.) assis au milieu, sur deux roues en pente du devant, aptes à pousser et conduire ces deux côtés, percés de trois ou quatre visières (meurtrières) à chaque bout (3). »

Les travaux nombreux et rudes qu'exige un siége s'exécutaient, soit au moyen de pionniers (4) enrôlés, soit au moyen de soldats que l'on déterminait à se livrer à ce genre de travail (5) pour un salaire. Il paraît que dans la seconde moitié

(1) Voyez sa description au § XVI et dernier de ce travail.

(2) *Mémoires de Castelnau*, IV, 9.

(3) L'*Histoire de Georges Bosquet sur les troubles advenus en la ville de Toulouse en* 1562, chap XXXIV, p. 100 et 101 du *Recueil de pièces historiques relatives aux guerres de religion de Toulouse*, Paris, 1862, in-12, chez Abadie.

(4) D'après Velly, l'armée anglaise en comprenait dès 1330.

(5) V. plus haut la note 3 de la page 94.

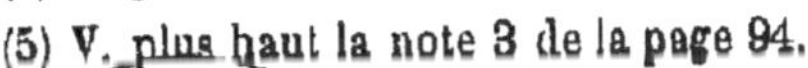

du XVIe siècle l'on faisait cas des pionniers, et cela se comprend puisque la tactique consistait (1) souvent à contraindre l'adversaire à se consumer au siége d'une ville. Certains chefs préféraient pourtant le concours des lansquenets, obtenu par quelque argent à eux concédé, et ceux qui sont de cet avis assurent que les lansquenets faisaient plus d'ouvrage que les pionniers, tout en ne coûtant que les jours où ils maniaient la pelle et la pioche (2).

Dans la défense des places, la conduite des défenseurs dépend de celle des assaillants et ne peut se brusquer ; c'est une œuvre de patience et de vigilance. Les ruses y sont, à cette époque, d'un moindre emploi que dans l'attaque, mais l'on s'y montre ingénieux.

On propose, par exemple, de placer des tas de pierres sur le bord de la contre-escarpe et de tirer des boulets parmi ces pierres de façon à en projeter les éclats au milieu des assaillants (3). Au sujet de ces pierres, nous rappellerons que la fronde s'emploie encore pour la défense des remparts comme cela se voit en 1557 au siége de Cony (4).

L'envoi de billets lancés du dehors, au moyen de flèches, sert pouravertir des progrès des assiégeants ; il est vrai que celui qui les lance s'expose à être pendu par l'ennemi (5).

On renouvelle le procédé des anciens pour éventer les

(1) Reportez-vous au début du § IX de ce mémoire, p. 58.

(2) Lisez la fin des *Maximes et avis du maniement de la guerre*, par André de Bourdeille (écrit composé vers 1575).

(3) *Vie de Gaspard de Tavannes*, Collection Petitot, t. II, p. 441.

(4) *Mémoires de Boyvin du Villars*, 1606, in-4°, p. 573.

(5) *Histoire de la prise d'Auxerre en 1567*, p. 193.

mines, lequel procédé consiste à placer l'oreille sur le sol ou à considérer la surface d'un vase plein d'eau (1) pour percevoir le moindre ébranlement imprimé à la terre par les coups de pioche.

Quand l'assiégeant a fait brèche, on s'empresse de la réparer. Au siége de Poitiers (le 10 août 1569) l'artillerie des protestants venait d'ouvrir dans l'enceinte une trouée assez grande pour que l'on pût commodément donner l'assaut. Alors rapporte Davila « le duc de Guise, s'employant lui même et portant la hotte sur son dos, fut cause qu'à son exemple hommes et femmes mirent tous la main à cette besogne, de manière qu'en peu de temps ils firent un rempart assez haut, mais beaucoup plus fort et plus solide que le premier (2). »

On ne se borne pas à réparer les brèches, on élève derrière un autre parapet, un retranchement nouveau. Ecoutez Vincent Carloix (3) retraçant les péripéties du siége de Saint-Jean-d'Angely en cette même année 1569 : « Monsieur le maréchal fait en toute diligence les approches et tranchées, et placer huit canons devant la porte d'Aulnis, qui fut si furieusement battue un *jour entier* (4) que la brèche était

(1) *Vraie histoire des troubles depuis* 1562, feuillet 302, au recto.

(2) *Histoire des guerres civiles*, liv. V. t. I, p. 232.

(3) *Mémoires de Vieilleville*, liv. IX, chap. XLIV.

(4) Ainsi on faisait brèche en un seul jour. — Le duc de La Force, en 1591, réduit aussi Chalus en Limousin par une batterie bien placée à laquelle il suffit de tirer un jour. Voyez ses *Mémoires* publiés par M. de La Gagrange, 1843, t. I, p. 104. Nous avons vu plus haut, p. 96, la brèche d'Ivoy ouverte en cinq heures, mais c'est vingt ans avant les luttes religieuses.

grande et raisonnable, mais toute la nuit ceux de dedans travaillèrent si ardemment jusques aux femmes (1), dedans le fond du fossé, avec l'industrie d'un ingénieur qu'ils y firent une muraille sèche des pierres que le canon avait abattues, avec d'autres matières, que la brèche fut tout aussitôt remparée et mise en un tel état de défense qu'elle ne fut point assaillie ; aussi que, entre autres moyens, ils tirèrent *une tranchée* derrière la brèche flanquée bien à propos, et sur icelle dressèrent des barricades pour couvrir leurs arquebusiers ; et l'accommodèrent de telle façon qu'ils l'estimaient plus forte qu'auparavant. »

Si la réparation de la brèche ou sa fermeture en arrière n'étaient pas possibles, on la défendait avec une bravoure que secondaient divers accessoires, les feux de mousqueterie et d'artillerie, les pierres, voire même les huiles bouillantes projetées sur l'assaillant.

Cette même relation du siége de Saint-Jean-d'Angely nous prouve que la coutume n'était pas que les défenseurs, même aux abois, fissent eux-mêmes la proposition de capituler. En racontant, en effet, que le maréchal de Vieilleville, chef de l'armée royale, envoya sommer le capitaine Clermont de Piles de se rendre, elle ajoute (2) que Piles fut « très-aise de cette sommation, car *il eût été reprochable d'entamer le premier les propos.* » Piles se soumit à la sommation, mais la population avait déjà voulu le contraindre à capituler ; il obtint dix jours de trève, promettant de se rendre à leur expiration si aucun secours ne lui parvenait dans l'intervalle,

(1) Les femmes aident les hommes ; la citation précédente le dit aussi ; cela prouve l'acharnement de ces luttes.

(2) *Mémoires sur la vie du maréchal de Vieilleville*, liv. IX, chap. XLVI.

et, comme un parti de quarante chevaux réussit à le rejoindre, il prolongea sa défense de vingt-six jours.

Pour bien défendre les places, il faut de bons ingénieurs, entendus, expérimentés : c'est ce qui manquait assez souvent durant les guerres de religion, surtout aux protestants. Coligny s'en aperçut quand il se fut jeté un peu à l'aventure dans Saint-Quentin, qu'il fut enfin obligé de rendre en se constituant prisonnier. L'ingénieur qui le secondait « n'était pas fort entendu dans son métier, » avoue son biographe (1). Cette infériorité des ingénieurs militaires, alors peu payés, comme nous l'avons précédemment indiqué (2), caractérise les guerres de religion, luttes de coups de main et d'escarmouches, où chaque chef faisait le soldat plus que le général, où l'on agissait plus que l'on ne réfléchissait. Elle se constate encore dans les premières années du XVIIe siècle, et, au dire de Tallemant des Réaux, en 1621, au siége de Saint-Jean-d'Angely, personne ne savait comment on faisait les tranchées (3). Faut-il s'étonner de cette ignorance quand le connétable de Luynes, mort à la fin de la même année, disait qu'au retour de la guerre contre les Huguenots, il apprendrait l'*art militaire de la guerre* (4).

(1) *La vie de Gaspard de Coligny*, seigneur de Chastillon-sur-Loing, gouverneur pour le roi, de l'Isle de France, etc. — Cologne, chez Pierre-Marteau, 1686, in-12, p. 177.

(2) Voyez la fin du § précédent de ce travail.

(3) *Historiette du maréchal de Chastillon.*

(4) Tallemant des Réaux, *Historiette du connétable de Luynes.*

§ XIII

DISCIPLINE.

L'indiscipline des armées, pendant les guerres de religion, est un fait notoire et qui ne doit pas étonner; les guerres civiles sont en effet propices à tous les genres de désordre, car les liens sociaux se relâchent dès qu'elles surgissent, et dans ce relâchement général, ceux qui possèdent la force en main subissent trop de tentations pour ne pas se laisser entrainer.

Des deux côtés l'indiscipline fut grande ; La Noue, qui compte dans le parti protestant, l'avoue pour les siens (1) ; Castelnau, l'un des catholiques, ne le cèle pas pour les soldats du roi (2) que Claude Haton, royaliste et prêtre, appelle souvent et franchement *canailles de soldats* (3). Il n'y a, sous ce rapport, aucune excuse à présenter, car c'est une simple constatation des malheurs du siècle que de répondre comme le capitaine de Chambar aux plaintes adressées contre ses soldats : « C'est la guerre, et par temps de guerre il ne faut réclamer, ni avoir recours à justice (4). »

Le grand but de l'indiscipline, c'était moins de désobéir

(1) *Discours politiques et militaires*, 26e discours, ou observations finales, *Premiers troubles*.

(2) *Mémoires de Castelnau*, VI, 7.

(3) *Mémoires de Claude Haton*, publiés dans la collection des *Documents inédits sur l'Histoire de France*, deux tomes in-4°, p. 793 (la pagination se suit dans les deux tomes).

(4) *Mémoires de Claude Haton* précités, p. 860. A cette cruelle réponse un habitant riposta en poignardant ce capitaine et disant : « Voilà donc la guerre puisque justice n'a point de lieu. »

et d'échapper à un frein que de piller pour bien vivre et s'enrichir (1). Peut-on en douter quand on voit les soldats diriger leurs coups et leur avidité contre les habitans plus que contre les ennemis avec lesquels ils viennent pourtant de combattre et qui leur ont disputé la victoire? « En Normandie, rapporte Castelnau à la date de 1563, les catholiques ne faisaient pas moins de mal que les Anglais et les Huguenots ; de sorte qu'il ne se trouvait rien par les villages ni par les maisons, qui ne fût caché et retiré dedans des carrières longues et profondes qu'ils ont en ce pays-là. » Et La Noue écrit : « A la prise de Boisgency... nos troupes exercèrent plus de cruauté (2) et pillerie sur ceux de la religion habitants d'icelle, qui n'avaient pu sortir que contre les soldats catholiques qui la défendaient. »

Les mercenaires étrangers se montraient plus indisciplinés, c'est-à-dire plus pillards encore que les soldats nationaux ; les reîtres surtout, qu'ils fussent au service des catholiques ou des protestants, les reîtres, « *ces chiens fous*, »

(1) En 1580, des gentilshommes protestants du Poitou s'emparent de Montaigu et y vivent honnêtement, il ne leur vient pas trente volontaires. Comme ils avaient besoin de soldats pour se maintenir, ils changent de système, rançonnent et saccagent le pays : aussitôt les combattants affluent et en peu de jours ils en comptent 1,400 sous leurs ordres. Voyez *Histoire universelle*, par d'Aubigné, col. 991.

(2) La liste serait longue si l'on voulait citer les noms des principaux chefs qui se signalèrent dans ces guerres par leur cruauté. Le maréchal Strozzi, d'Epernon, le connétable de Montmorency, le baron des Adrets, Montluc, de la Rouvraye... — Les soldats aussi se montraient cruels... En 1588, dans un seul village, deux cents oreilles furent coupées et clouées le même jour à la porte de l'église.

comme les appelle Claude Haton, miroir fidèle des impressions populaires. Les reitres, écrit ce chroniqueur, « où ils se logeaient, ne faisaient que chercher et fouiller en terre ès logis, jardins, cours, fumiers, pour trouver butin, et tout ce qu'ils trouvaient de caché et non caché était à eux et n'y avait personne qui y pût donner ordre ou qui voulût. » Souvent « ils mettaient le feu aux maisons et tuaient et massacraient toutes personnes qui leur résistaient (1). »

Relativement à l'indiscipline des Allemands, rappelons qu'ils se montraient tels à peu près partout et que Charles-Quint avait eu fortement à s'en plaindre dans ses armées, où ils s'étaient montrés « ... désobéissants, arrogants, enclins à l'ivrognerie...., incapables de rien faire de bon..., les pires soldats qu'on puisse avoir (2). »

Ajoutons pourtant que les soldats français n'oubliaient pas de « jouer des mains » dans cette dévastation générale. Quand La Noue parle de la naissance de « Mademoiselle la Picorée, » il cite « le régiment de M. d'Ivoy, qui estait tout de Français, s'escrimant encore mieux que les autres (3). » Strada nous signale les soldats français victimes de leur empressement à s'enrichir et à piller après les redditions de Cimay et de Nivelle, en Flandre (4).

Le plus triste à dire, c'est que les officiers pillaient encore plus que les soldats, sans doute parce qu'ils participaient du caractère de Brantôme, c'est-à-dire étaient aussi indifférents

(1) *Mémoires de Claude Haton*, p. 355 et 836.

(2) Relationde Navagero, 1546, dans les *Monuments de la diplomatie vénitienne.*

(3) Ce sont là « les picoteurs... *nos pires ennemis,* » comme dit *Montaigne* au ch. XII de son liv. III.

(4) *Histoire de la guerre de Flandre,* liv, IX, traduction Du Ryer, Paris, 1665, t, I, p. 662.

sur le bien que sur le mal. L'ordonnance rendue à Saint-Germain-en-Laye le 1er février 1574, et qui porte réglement sur la solde de l'armée, dit en termes précis que « les officiers des compagnies d'ordonnance ont commis autant *ou plus* de pilleries sur les sujets du roi de France que les étrangers et vagabonds. » Peut-on s'étonner, après cet aveu officiel qu'un contemporain, le chancelier Michel de l'Hospital, ait composé une épitre latine (1) *sur l'impuissance des lois pendant la guerre.*

Outre le pillage qui dispersait une armée et la réduisait à rien durant plusieurs jours (2), ou bien encore retardait les régiments dans leur marche (3), il se produisait parfois des négligences de service et des mutineries parmi les troupes. Mayenne l'éprouve sous Paris de la part des Allemands qui, dès 1589, menacent de passer dans le camp du roi s'ils ne reçoivent leur paie et ne trouvent leurs commodités (4), et en 1590, après « d'*étranges désordres* » dans Paris, commencent à se mutiner et à se débander malgré les efforts de plusieurs chefs de la Ligue « pour les retenir

(1) La septième de ses épîtres adressée à Barthélemi Faye.

(2) C'est ce qui arriva après le combat de Pamprou ; le colonel de l'infanterie se trouva hors d'état de rassembler 300 hommes. *Mémoires de Guillaume de Tavannes,* année 1568, collection Petitot, p. 265. J'ai peine à croire que les gens de pied se soient écartés uniquement « *à cause de l'injure du temps,* » comme le rapporte Guillaume de Tavannes.

(3) « Le régiment du baron de Chigy qui s'était mis en chemin trop tard (en 1589) pour *s'être amusé* à se faire donner 400 écus par les habitants de Pontailler. » *Mém. de Guillaume de Tavannes*, p. 358.

(4) Ils entendaient par là divers priviléges et tolérances ; le mot est dans Davila.

dans quelque sorte de discipline (1). » Les Allemands attachés au parti protestant se conduisent aussi mal ; Davila nous les dépeint à la date de 1587 « se logeant tous au large, se débordant après le butin, étant nonchalants à faire la garde, quittant leurs rangs dans les pays de vignes pour cueillir le raisin dont ils étaient avides. . à vrai dire fort mal conduits et lâches observateurs de la discipline des armes. »

Les officiers agissaient d'eux-mêmes sans se plier aux intentions du chef de l'armée. — En 1569 « un capitaine de chevau-légers, nommé La Rivière, où pour le butin ou pour autre chose, délibéra de s'aller saisir de la maison de Jarnac qui était pleine de meubles, » s'aventurant à 28 kilomètres du camp royaliste pour aller à 6 kilomètres du camp des protestants, n'ayant avec lui que 60 cavaliers, le tout sans ordre. Il fut promptement assailli, ne songea même à donner avertissement de sa situation critique, et finalement fut pris (2). — Au siège de Montbart (1590), des capitaines du régiment de Champagne abandonnèrent les lansquenets qu'ils avaient mission de diriger dans l'exécution d'une brèche à la sape (3).

On rencontre parfois, dans les mémoires du temps, des exemples de répression, mais ils sont rares. Ainsi, en 1569, au siége de La Rochelle, un capitaine de l'armée royale est pendu pour avoir été trouvé jouant aux cartes pendant que sa compagnie montait la garde. Ainsi, le duc de Mayenne, en 1576,

(1) *Histoire des guerres civiles en France*, par Davila, liv. XI, p. 150.

(2) *Vie de Gaspard de Tavannes*, t. III, p. 71.

(3) *Mémoires de Guillaume de Tavannes*, p. 372.

fait faire main-basse par sa cavalerie sur quelques compagnies d'infanterie qui, rebutées par le mauvais temps, avaient refusé de suivre l'armée dans sa marche. Ainsi Guillaume de Tavannes, l'année 1591, prescrit de ranger en ordre un régiment de gens de pied qui avait ravi deux coupables au prévôt, réussit à reconnaître ces coupables et les fait exécuter.

Les exemples de sévérité étaient pourtant nécessaires. Ecoutez plutôt ce cri échappé en 1573 à un contemporain : « Si la gendarmerie tant de pied que de cheval, n'est autrement réglée qu'on la voit aujourd'hui et surtout n'est *réformée à la romaine* pour la plupart, nous serons visités de plus de malheurs que nous n'avons encor été (1). »

Ce qui prouve combien les répressions se produisaient peu fréquemment, ce sont les plaintes exprimées le 17 mars 1593 au duc de Mayenne par les Etats-Généraux de la Ligue séant à Paris, et cela en ces termes : « Plusieurs se plaignent des rançonnements, dépopulations et extorsions qui se commettent par les gens de guerre, tant de la suite des armées que des garnisons, sans respect aucun des lieux saints, de l'âge et sexe ni de parti, étant les catholiques aussi maltraités que les ennemis. Sur quoi l'assemblée a pensé être de son devoir vous supplier humblement interposer votre autorité contre telles personnes... et pareillement de pourvoir aux insolences des gens de guerre des armées et garnisons (2). » Ces plaintes, on en retrouve la substance dans les articles déli-

(1) *Vraie Histoire des Troubles depuis* 1562, un volume in-12 attribué à La Popelinière. La Rochelle, chez Davantès, 1573, feuillet 422, au recto.

(2) *Procès verbaux des Etats-Généraux* de 1593 recueillis et publiés par M. Aug. Bernard, dans la *Collection des documents inédits sur l'Histoire de France*, 1842, p. 92.

bérés par les villes pour être remis auxdits Etats-Généraux par les députés qu'elles y envoyaient ; ces articles divers réclament « qu'il soit ordonné aux gouverneurs des provinces de faire vivre un chacun selon les lois de la discipline militaire. »

§ XIV

ADMINISTRATION.

L'administration des armées était encore peu perfectionnée au commencement du XVIe siècle, sous le règne de François Ier : Bardin prétend qu'elle ne s'exerçait pas alors à part et par des fonctionnaires spéciaux ; il y avait pourtant des commissaires des guerres depuis 1356, mais sans grande autorité. C'est l'année 1567 qui ouvre une ère nouvelle sous le rapport administratif, et elle appartient aux guerres de religion.

En cette année, par une ordonnance du 15 décembre, Charles IX crée cinquante offices de commissaires des guerres, lesquels deviennent les délégués et les représentants directs du ministre ; ces commissaires reçoivent charge d'appliquer les ordonnances relatives aux *monstres* ou revues dont la première remonte à 1517. En signalant l'indépendance de ces agents administratifs par rapport au commandement, nous voulons parler de leur indépendance entière, car, quant à l'argent, c'étaient déjà des payeurs spéciaux qui le remettaient aux soldats : « Je fus dans Limoges en vingt-neuf jours, écrit Blaise de Montluc (1), comptant du trentième de septembre que j'écrivois des lettres, avec mil ou douze cent chevaux et trente enseignes de gens de pied, auxquelles je fis faire monstre, et aux gens d'armes quelque prest, ayant pour cet effet amené

(1) V. ses *Commentaires*, liv. VI, année 1567, p. 293.

avec moy le sieur de Gourgues, général des finances, car je n'avois pas accoustumé toucher aux deniers du Roi. »

La nécessité le stimulant, Coligny avait introduit dans les armées de son parti une administration vigilante qui cherchait à pourvoir avec économie les combattants des objets dont ils avaient besoin. Il disait comme plus tard le grand Frédéric, qu'il fallait commencer à former une armée *par le ventre*, et il attachait un boulanger à chaque cornette logeant isolément : l'armée bien nourrie, bien dotée par des commissaires de son choix, munis de chariots et de bêtes de somme pour effectuer leurs transports, il la jugeait apte à combattre. Malgré ses efforts les armées protestantes souffrirent beaucoup.

L'ordre introduit ou tenté par Coligny ne semble pas avoir existé au même degré dans les armées royales, puisque le conseil du roi s'étonne de voir les Huguenots réussir à entretenir aussi longtemps leur armée (1). En tout cas le difficile à cette époque consistait à fabriquer le pain d'avance, fabrication qui eût été si utile pour rendre les troupes plus mobiles, et ôtait tout prétexte au vol pour les soldats qui répugnaient à moudre les grains distribués (2). « Quand l'armée de Monsieur, raconte Guillaume de Tavannes (3) eut passé Limoges, les capitaines furent d'avis de suivre les ennemis le plus diligemment que faire se pourroit, et demandèrent de porter avec eux du pain pour un jour, afin que, s'ils trouvaient les ennemis en lieu si avantageux que promptement l'on les pût combattre ils eussent quelque temps pour en chercher les moyens;..

(1) *Mém. de Castelnau*, VII, 6.

(2) L'armée de Charles-Quint en Belgique recevait de l'administration des moulins à bras ou à cheval, mais sans les utiliser.

(3) *Mém. de Guillaume de Tavannes*, année 1569, p. 294.

mais il ne fut possible d'en être secourus, encore que, outre les commissaires ordinaires des vivres, plusieurs autres de la suite de la reine-mère s'en meslassent. » Il s'agit évidemment ici de pain porté sur le dos des gens de pied, quoique l'on eût déjà des moyens de transport : ainsi le duc d'Alençon, frère du roi, possédait un équipage, voire même un *capitaine* de mulets.

Le grand malheur du temps, l'indiscipline paralysa les mesures administratives qui commençaient à surgir, en amenant la dévastation, et surtout la méfiance des cultivateurs. Les magasins de l'Etat ne purent dorénavant se remplir et quand il s'agissait d'une expédition nouvelle, ceux qui la proposaient offraient au gouvernement de lui prêter pour les premiers frais qu'elle entraînerait (1).

Montluc nous cite l'exemple de la ville de Toulouse qui, fidèle au catholicisme, fit une fois *une honnêteté* à ses soldats en leur octroyant une petite paye (2) au moment où il partait en expédition contre les protestants de Montauban ; c'est là un fait exceptionnel. En général, villes et habitants cachaient leur argent aux troupes, et, comme l'Etat était pauvre, celles-ci recevaient maigre paye. Ainsi, en septembre 1569, le roi fait délivrer « quelque argent à son infanterie, avec promesse de plus grande paye dans peu de temps (3). » Voilà pour les catholiques. Chez les protestants, en dépit de la saisie des caisses royales, en dépit également de l'impôt établi sur les gens de leur parti « de toutes qualités, tant des villes que villages, nobles, prêtres, marchands, bourgeois et artisans (4), »

(1) V. *Commentaires de Montluc,* liv. VI.

(2) *Idem,* liv. V.

(3) Le Frère, feuillet 595 au recto.

(4) *Mém. de Claude Haton*, p. 268.

afin de solder les reîtres, la pauvreté générale restait toujours fort grande et l'on ne payait les troupes que grâce à des expédients (1). Cette pauvreté devint telle qu'en 1593 les Etats généraux réunis par les Ligueurs pour créer un roi, ne disposaient pas d'un denier (2). Tous les mémoires du temps constatent cette situation fâcheuse qui aggravait l'indiscipline, en excitant le soldat à prendre de force sa nourriture, et l'indiscipline à son tour réagissait sur cette situation : cercle déplorable autour duquel se déroulaient les événements de cette époque et qui ne devait avoir fin que sous la main ferme d'un monarque éclairé, Henri IV, et sous la direction vigilante d'un ministre habile, Sully.

Faute de paiement les capitaines demandaient à pouvoir se retirer en congé dans leurs maisons, et les soldats se débandaient ; il arriva ainsi parfois que l'infanterie se réduisit à moitié et la cavalerie au tiers (3). Faute d'argent envoyé de Paris, les chefs catholiques se voyaient obligés de payer leurs soldats avec des deniers levés d'urgence l'épée à la main (4), et le plus souvent cette ressource extrême ne fournissait pas suffisamment.

(1) Un prince voisin de la France, Guillaume de Nassau, se trouvait aussi à cette époque très-embarrassé pour payer ses troupes, et cela malgré ses sacrifices personnels. Les mercenaires allemands lui demandèrent une fois brusquement *le double* de la solde promise, et il eut alors, comme dans plusieurs autres circonstances, peine à échapper à la fureur de la soldatesque. *Archives de la maison d'Orange Nassau*, publiées par M. Groen van Prinsterer, Leyde, 1835-1836, t. III, p. XXXIX à XLI.

(2) *Procès-verbaux des Etats généraux* de 1593, dans les *Documents inédits sur l'Histoire de France*, p. LVI.

(3) V. *Mém. de Castelnau*, VII, 6.

(4) *Mém. de Guillaume de Tavannes*, fin du livre III.

La Cour, en voyant ses revenus diminuer, n'avait pas eu la sagesse de limiter ses dépenses : le luxe, les folies y continuaient comme en des temps plus prospères. On dansait au lieu de payer quand justement le retard dans les paiements militaires entraînait de nouvelles dépenses, en prolongeant le séjour des soldats étrangers au-delà du temps nécessaire aux opérations (1). La royauté s'attire ainsi cette plainte du maréchal de Tavannes : « Vous estes des sots, vous dépensez vostre argent en festins, en pompes et masques, et ne payez gens d'armes ni soldats ; les estrangers vous battront (2) ; » mais cette rude apostrophe fut promptement oubliée et les prodigalités du monarque continuèrent à tarir les finances qui eussent pu contenter les gens de guerre.

Il restait donc peu d'écus pour distribuer la paye : et bien des chefs trouvaient encore moyen d'amoindrir cette portion en en dérobant une fraction à leur profit : « Le roi Henri III, dit Jean de Tavannes, dans la *Vie* de son père, permettoit la vente des capitaineries ; j'ai vu proposer d'en acheter huit ou dix pour faire un parti dans son Etat. Les acheteurs semblent, sans charge de conscience, *pouvoir dérober les payes des soldats*, et exiger sur le peuple et sur les marchands, pour retirer l'intérêt de leur argent ; et les officiers de judicature, des finances, par là se licencient et se corrompent. » Le témoignage est formel.

Plus tard (3) les États généraux convoqués par Henri III, lui refusaient des subsides, tout en le poussant à la guerre

(1) Un mois commencé était dû. Consultez les *Mémoires de Castelnau*, VI, 11.

(2) *Vie de Tavannes*, collection Petitot, t. III, p. 183.

(3) En 1576.

contre les protestants, inconséquence qui devait prolonger le mal.

Si le gouvernement eût réussi à extirper des abus aussi criants, à fonder un trésor et à assurer, de la sorte, la régularité de la paye donnée aux gens de guerre, le pillage cessait et peu à peu la discipline renaissait : on peut le conclure des meilleures dispositions montrées en 1580, devant La Fère qu'elles assiégeaient, par les troupes du maréchal de Matignon, alors que ce chef avait réussi à les faire solder de mois en mois et à leur faire amener des vivres en abondance, sous la condition par exemple que le premier soldat pris dérobant quelque objet aux paysans, serait pendu sans délai (1).

XV

INFLUENCE DES CHEFS DE GUERRE.

Les guerres civiles ont leurs difficultés : dominé par les intérêts de parti, les questions d'argent, la présence des volontaires, on s'y trouve moins maître d'agir à son gré, en vue du succès des armes.

Sous ce rapport elles font honneur aux chefs qui les ont dirigées.

Ces chefs, remarquons-le, paient cher ledit honneur dans la période qui nous occupe, car presque tous périssent de mort violente (2). Sur neuf, quatre succombent en plein

(1) *Mém. de Claude Haton*, p. 1027.

(2) Castelnau, dans ses *Mémoires* (liv. IV, fin du chapitre x), l'a déjà remarqué, mais ce chroniqueur, mort en 1592, n'a écrit que sur une période de dix ans (1559 à 1569) ce qui rend ses observations incomplètes.

champ de bataille, et cinq tombent assassinés. Les quatre premiers sont le roi Antoine de Navarre tué au siége de Rouen (1562), le maréchal de Saint-André tué la même année à la bataille de Dreux, le connétable Anne de Montmorency tué à la bataille de Saint-Denis (1567), le prince Louis de Condé tué à la bataille de Jarnac (1569) : encore attribue-t-on souvent la mort de ce dernier à un assassinat commis sur sa personne dès la fin de l'action par Montesquiou. Voici les noms des cinq chefs assassinés : François de Guise (1), assassiné devant Orléans par Poltrot de Méré (1563); Coligny assassiné à la Saint-Barthélemi (1572) ; Henri de Guise, dit le *Balafré*, assassiné à Blois, par ordre de Henri III (1588) ; Henri III, assassiné par Jacques Clément sous les murs de Paris (1589) ; Henri IV, assassiné par Ravaillac dans Paris même (1610). Parmi les chefs d'armée de premier ordre (2) qui figurent en France dans les guerres de religion, Tavannes seul fait exception ; il ne mourut ni assassiné, ni tué par le feu de l'ennemi, il succomba dans son château (3), au milieu de ses enfants.

Tavannes fut le plus habile des généraux catholiques, car

(1) Souvent élevé au poste de chef d'armée, François de Guise n'avait jamais eu d'autre grade militaire que celui de capitaine d'une compagnie de cent hommes d'armes : le président Hénault a donc raison de remarquer à ce sujet que le grade militaire, proprement dit, donnait moins les commandements que la position de personnage politique et militaire : n'oublions pas toutefois que François de Guise était *prince* lorrain.

(2) Parmi les généraux de deuxième ordre, il y en eut aussi de frappés avec rudesse. La Noue subit dans les Pays-Bas une captivité des plus dures, et Montluc fut entièrement défiguré par une blessure reçue au siége de Rabasteins.

(3) Le château de Sully, en 1573.

son émule François de Guise (1) appartient à peine aux guerres civiles par la date de son trépas. Caractère original (2), brusque dans ses allures, âpre dans ses réponses, sentant son mérite et orgueilleux ou plutôt entier dans ses avis par cela même, Tavannes fut le guide du duc d'Anjou (3), et le véritable vainqueur de Jarnac et de Moncontour. On le vit bien quand il se retira après la levée du siège de Poitiers qui suivit cette dernière bataille; les affaires périclitèrent malgré la présence de Charles IX à l'armée.

Ses mesures prouvent qu'il comprenait la guerre. Il possédait tellement l'entente des opérations que, suivant la relation de sa vie par son fils Jean, il annonça quinze jours à l'avance le combat de Jarnac. Son œil savait aussi embrasser le champ de bataille : « Monseigneur, dit-il au duc d'Anjou avant l'action de Montcontour, ils sont à vous, je les ai reconnus estonnés. » Il tenait à ce qu'une fois les dispositions prescrites, personne ne s'en écartât par fougue ou tout autre motif, disant qu'il ne fallait chercher de l'honneur particu-

(1) Rappelons-nous la bataille de Renty (1554) et le dialogue entre les deux guerriers, le succès une fois obtenu : « — Monsieur, dit François de Guise, vous avez fait les plus belles charges. — Vous m'avez bien soutenu, répond Tavannes. — Fatigué comme vous l'êtes, vous auriez besoin de vous reposer, retirez-vous, je vous en prie. — Je resterai à la place que Dieu et mon épée m'ont acquise, » et, en disant ces mots, Tavannes demeure. Le roi ne tarde pas à passer, reconnaît ce qu'il a fait, le félicite et détache le collier de l'ordre qu'il portait pour l'en gratifier.

(2) Il offrit à Catherine de Médicis de couper le nez à la duchesse de Valentinois pour guérir Henri II de sa passion.

(3) Tavannes, a dit Ancillon, « prépara les victoires et arrangea les triomphes du duc d'Anjou. » *Tableau des Révolutions*, t. II, p. 255.

lier aux dépens de l'intérêt de l'armée entière, faute encore commise et qui atteste un vestige des usages de la féodalité.

Il se sentait gêné en guerre par l'obligation de gouverner un prince héritier du trône, et son fils retrace sa gêne en homme qui l'a éprouvée lui-même (1) : cettegêne alla si loin que François de Guise, en 1542, au siége d'Ivoy, le provoqua parce qu'il faisait conduire par le duc d'Orléans, en un lieu propice pour faire brèche, 4 pièces d'artillerie, acte que lui, de Guise, blâmait et qui pourtant réussit et amena la reddition de la place. Cette gêne d'avoir à conduire à la fois la guerre et un jeune prince, beaucoup de généraux s'en sont plaints.

Le maréchal de Tavannes se montrait l'adversaire déclaré de l'intervention des femmes dans le gouvernement, les disant « irrésolues, indiscrètes, de légère créance et vindicatives. » Cette opinion (2) il ne sut pas la céler vis-à-vis de Catherine de Médicis, et la blessa sous ce rapport par ses actes et par ses paroles. Comme homme de cour, Tavannes, on le voit, péchait par trop de franchise.

Montmorency, le connétable *aux patenôtres* (3), était *un ignorant dans la guerre;* l'appréciation appartient à François Ier (4) et l'histoire doit la conserver. Il fut battu à Saint-

(1) En 1594, le duc de Mayenne confia à Jean de Tavannes son fils, âgé de dix-sept ans, avec une petite armée opérant en Bourgogne.

(2) Son fils Jean la partage ; car il écrit : « Peu sert en France de savoir les batailles et assauts, qui ne sçait la cour et les dames. »

(3) Il les disait, s'interrompant pour prescrire de pendre ou telle autre exécution.

(4) François Ier, rapporte Varillas, lui dit en le disgraciant (1540) : « Vous êtes un ignorant dans les deux principales fonctions de votre charge, la guerre et la politique. »

Quentin et à Saint-Denis, il resta prisonnier à la bataille de Dreux, il ne prit le Havre que parce qu'il parut devant cette place au moment où sa chute se trouvait préparée et assurée : sans vouloir condamner sa mémoire parce que le succès lui manqua, il faut mentionner ses mésaventures comme chef parce que, jointes au propos du roi-chevalier qui le connaissait bien, ayant été élevé avec lui, elles corroborent une opinion émise fort avant qu'elles n'arrivassent. Sa méthode de ravager la Provence pour garantir la France des progrès d'une invasion commencée, méthode antérieure aux événements dont nous venons de parler, n'accuse pas de sa part une grande confiance dans son épée. J'ajouterai n'avoir lu son éloge au point de vue militaire dans aucun livre. Mais sa mort fut belle et digne d'un soldat, alors que blessé sans remède sur le champ de bataille de Saint-Denis, il dit à un gentilhomme placé à ses côtés : « Mon cousin de Sansay, ma mort est fort heureuse, je n'eusse su périr ni m'enterrer en un plus beau cimetière que celui-ci. »

Nous ne dirons qu'un mot du maréchal de Saint-André et des deux ducs de Guise.

Le maréchal de Saint-André tué, assure-t-on, à la bataille de Dreux, par un gentilhomme dont il avait fait confisquer les biens pour les acheter à vil prix, suivant son défaut invétéré (1), le maréchal de Saint-André, disons-nous, vaut mieux, militairement parlant, que le connétable, et sa devise : *Nodos virtute resolvo*, n'est pas trop menteuse.

On a prétendu de *François de Guise* que c'était un bras plutôt qu'une tête, voulant par là marquer sa dépendance

(1) Dilapidateur et prodigue, le maréchal de Saint André déploya en 1550, dans son ambassade en Angleterre, un luxe inouï : il possédait la dignité de maréchal de France depuis trois ans ; son nom de famille est d'*Albon*.

des autres (1). Et pourtant quels titres de gloire d'avoir défendu Metz contre Charles-Quint, d'avoir conquis Calais et Thionville, d'avoir vaincu à Dreux (2)! Quelle tranquillité d'âme pour dormir à merveille le soir de cette bataille couché dans le même lit que le prince de Condé son prisonnier qui ne put fermer l'œil! François de Guise porte une des plus grandes figures guerrières de ce temps (3).

Son fils, *le Balafré*, devint le chef de la Ligue, mais, sauf sa belle défense de Poitiers (1569) et son succès dans le combat de Chateau-Thierry (1575), il a tenu l'épée moins souvent et moins ferme que lui.

Si l'éloge du connétable de Montmorency comme chef de guerre est rare, celui de *Coligny* est fréquent. Tout le monde s'accorde à dire que ce fut un général habile, mais malheureux. Par son habileté, sa prudence, son courage calme, son inflexibilité de résolution, ses mesures administratives, il sut se maintenir, en maintenant militairement son parti (4) et tirer ainsi d'un rôle ingrat tout ce qui était possible. On peut lui appliquer cette opinion du général de Chambray (5) : « Les hommes les plus extraordinaires parmi les chefs de parti

(1) Ranke, *Histoire de France aux* XVIe *et* XVIIe *siècles*, traduction française, t. I, p. 233.

(2) De ses deux collègues en commandement, l'un devint prisonnier (Montmorency), l'autre fut tué (Saint-André).

(3) Henri II en faisait grand cas. Consultez le début du ch. VI de *Charles-Quint, son abdication, son séjour et sa mort au monastère de Yuste*, par M. Mignet.

(4) En 1569, à la mort du prince de Condé, le jeune prince de Béarn (depuis Henri IV) fut proclamé généralissime des protestants, mais Coligny, déclaré son conseiller et lieutenant, devint de fait le véritable chef du parti.

(5) *Philosophie de la guerre*. 1829, fin du chap. V.

sont sans contredit, ceux qui ont créé leur parti, surtout depuis l'invention de la poudre, parce que le matériel de guerre se trouvant entre les mains des gouvernements, il leur devient très-difficile de s'en procurer. »

Coligny fut avant tout un administrateur militaire (1), et il le fut à un degré que ne connurent pas les catholiques, au moins jusqu'à la mort de Henri III, en 1589. S'il eut conservé la foi de ses pères, ses talents, joints à ceux de Tavannes, eussent assuré plus tôt et plus solidement le triomphe de la royauté.

Ce fut aussi un homme de guerre. Les écrivains catholiques, ses adversaires, le reconnaissent (2). « Il faut confesser que Coligny *était capitaine,* » dit Jean de Tavannes. Le colonel de Carrion-Nisas émet l'avis qu'on peut le regarder comme le véritable chef de la première école de l'art moderne (3) : » les princes de Nassau (4), dont Turenne devint l'élève, le reconnaissent en effet pour leur maître, et Turenne est la plus complète personnification de l'art militaire moderne avant 1789; tel est le sens que je donnerais à cet avis. Après cette opinion formelle le même auteur ajoute sur Coligny : « Général constamment malheureux, sa gloire s'accroissait par ses défaites comme celle des autres par leurs triomphes; sa gloire et son malheur tenaient également au genre de guerre qu'il faisait, la guerre civile, où le gouvernement établi a tant d'avantages, que le mérite de celui qui résiste à

(1) V. plus haut, § XIV, *Administration*, p. 100.

(2) Les écrivains protestants également. La Noue a écrit : « Quand il a manié les armes, il a fait connoître qu'il estoit très-entendu. »

(3) *Hist. de l'art militaire*, t. I, p. 503.

(4) Guillaume le Taciturne épousa en quatrièmes noces sa fille, Madame de Téligny.

sa puissance, doit être un mérite vraiment extraordinaire s'il parvient à soutenir quelque temps la guerre. Coligny la recommença souvent, presque toujours vaincu, mais ne cessant jamais d'inspirer de la confiance à ses amis, de l'estime à ses ennemis, opiniâtre, inaccessible au découragement. » Relativement à ces dernières qualités, nous rappellerons que le lendemain de la bataille de Dreux (il venait de la perdre) il voulait renouveler l'action (1), mais les reîtres s'y refusèrent : à défaut il conserva son armée, et parut plus fort après sa défaite, ce qui lui arriva plus d'une fois (2) dans sa carrière d'homme de guerre (3).

Ce fut un chef entendant à certains égards la politique. Castelnau certifie qu'il l'a toujours connu « *sage* et modeste en toutes ses actions (4), » mais on reconnaît surtout son instinct politique en le voyant chercher à entraîner

(1) Sa lettre du 2 janvier 1563 à la reine d'Angleterre, écrite après l'action, reflète ce dessein : « Notre infanterie, dit-il, a été défaite sans combat; notre cavalerie, qui a seule combattue est intacte. »

(2) En 1572, malgré ses défaites passées, il songeait encore à marcher au secours de Guillaume de Nassau avec 12,000 arquebusiers et 3,000 chevaux. *Lettre de Guillaume de Nassau au comte Jean de Nassau*, en date du 11 août 1572, dans les *Archives de la maison d'Orange-Nassau*, par Prinsterer, t. III, p. 490.

(3) M. Ranke le compare sous ce rapport à Guillaume III et à Washington. « Un jour, écrit cet historien, Coligny tomba malade et les fautes qui furent commises firent connaître tout ce qu'il valait... Au milieu de ses compagnons d'armes... il paraissait en même temps comme un censeur et comme un roi. » *Hist. de France, aux* XVIe *et* XVIIe *siècles*, traduction française, t. I, p. 285.

(4) *Mém. de Castelnau*, V, 3.

Charles IX dans une guerre au milieu des Pays-Bas afin d'éviter le renouvellement de la guerre civile.

Le prince de Condé demeura pendant sept ans (1) le chef du parti protestant. Fait prisonnier à Dreux, sans succès à Saint-Denis, vaincu et tué à Jarnac, il ne peut passer ni pour un général heureux, ni pour un chef habile, mais il était doué d'énergie et de courage, et dirigea nettement la résistance à l'autorité royale de la noblesse provinciale dont il s'était fait le guide et qui l'avait choisi pour son représentant.

Coligny, par son calme, son entente de l'administration et sa persévérance, exerça une influence sur les guerres de religion ; Henri de Navarre, depuis le roi de France *Henri IV*, en exerça une plus grande encore. Les événements prouvent ce dire jusqu'à l'évidence. Les affaires royales allaient mal : à peine paraît-il, joint-il les troupes catholiques qu'elles se relèvent, et elles se relèvent encore plus quand, après la mort de Henri III, il les dirige seul. Ce n'est pas le moment de retracer dans toute leur étendue ses talents militaires, mais, pour compléter cette esquisse sur les chefs qui ont pris part aux guerres de religion, nous devons dire en quoi il se distingue comme guerrier. Il unit la conception à l'exécution. Son grand dessein contre la maison d'Autriche montre comment il conçoit un ensemble d'opérations, une campagne; disons en outre qu'il sait attendre, rester sur la défensive, préparer ses éléments de succès et notamment une réserve. Quand il croit l'instant favorable il paraît et saisit l'occasion; dans l'offensive, l'épée en main, son courage se déploie, et, cédant à la fougue française, trop souvent

(1) De 1562 à 1569 où il succomba, probablement assassiné à la bataille de Jarnac.

en soldat (1), il montre à ses troupes entraînées le chemin de l'honneur. S'il possède encore des qualités chevaleresques, il voit clair dans l'avenir et devance son époque par un emploi plus fréquent et plus large de l'infanterie, par des dispositions propices pour assurer l'effet de ses feux, et surtout par ce talent rare et précieux d'approprier ses combinaisons de troupe aux accidents du champ de bataille; sa variété d'arrangements à ce sujet est telle, on a pu l'énoncer, qu'il est peu de dispositions militaires dont ses campagnes n'offrent le germe (2).

§ XVI

PARTICULARITÉS ET INVENTIONS.

D'aussi longues guerres offrent évidemment diverses particularités. Voici les plus curieuses parmi celles que nous avons pu noter.

La dureté dans la manière de faire la guerre. — Cette dureté se trouve dans la résolution réciproque de ne pas s'épargner. Un écrivain dit que les guerriers de ce temps, après avoir vécu ensemble durant les trêves : « se baillaient la main et l'accolade au départ ; le frère disant à son frère, l'oncle au neveu, le cousin au cousin que, s'ils se rencontraient le lendemain, l'un n'épargnerait pas l'autre (3). » Cette dureté se retrouve dans les cruautés commises par plusieurs chefs,

(1) Le mot est du maréchal de Biron.

(2) *Guerres de religion*, par M. le général de Saint-Yon; *Spectateur militaire*, août 1834, p. 311.

(3) *La vraie et entière histoire des troubles et guerres civiles*, par Le Frère, Paris, 1584, t. I, p. 181.

et notamment par le baron des Adrets. On avait, du reste, l'instinct féroce. L'acte de ce jeune seigneur qui met un pendu à sa place dans le lit d'une dame dont il a obtenu rendez-vous (1), et le fait d'envoyer à un chef ennemi une lettre pestiférée (2), en fournissent la preuve. Celui qui reçoit cette lettre dit pourtant en ses mémoires que, se cacher au milieu d'une armée pour y tuer tel ou tel ennemi signalé, « mérite gloire et récompense, » propos qui atteste l'acharnement amené par une longue guerre civile (3).

Le courage. — En ces temps de relâchement général, le courage se maintenait, et l'on peut appliquer à la durée totale des guerres de religion ce propos de Castelnau (4), au sujet du siége du Havre (1563) : « même les plus frisés de la Cour, désarmés, méprisant tout péril, se trouvaient souvent aux tranchées. » Non-seulement il y avait du courage, mais la témérité se montrait souvent encore comme au temps de la chevalerie ; en 1590, près de Nuits, en Bourgogne, le marquis de Mirebeau, qui commande les coureurs de Guillaume de Tavannes, s'avance tellement sans attendre les troupes, que les adversaires sortent de Beaune et lui tuent deux gentilshommes à coups de lance, justement lorsque le

(1) *Vie de Gaspard de Tavannes*, dans la collection Petitot, t. I, p. 287.

(2) Poltrot de Méré assassina (1563) François de Guise avec trois balles *empoisonnées*, sorte de projectile dont ses coreligionnaires se servirent encore en 1569 au dire de La Popelinière.

(3) On était plus compatissant pour ses propres soldats : Brantôme peint l'émotion générale à la vue des pauvres gens « démembrés, mutilés et estropiés, » par l'explosion d'une mine au siége de La Rochelle (1573).

(4) *Mémoires de Castelnau*, V, 2.

rôle des coureurs consiste à s'approcher, à voir, puis à se retirer.

Institutions. — Les idées d'un avancement plus équitablement réparti se font jour. Jean de Tavannes énonce que les charges de guerre « regardent autant le Tiers-Etat que les gentilshommes, et qu'il n'en faut exclure les soldats : autrement ni ceux des villes, ni ceux des champs ne travailleroient que pour le butin et s'en iroient quand ils l'auroient gagné (1). » — En 1569, Coligny distribue des chaînes d'or instituées comme récompense militaire par la reine de Navarre (2). — Les contemporains entrevoient la nécessité de créer une école militaire. La Noue réclame, « des boutiques d'où se tireraient les capitaines d'infanterie (3). » Le chancelier de l'Hospital recommande de « mêler l'étude aux exercices militaires pour mieux tourner contre l'ennemi ses propres stratagèmes et s'élancer au besoin dans le fort du danger (4). » Jean de Tavannes propose de réunir pour les habituer aux mêmes exercices trente jeunes gentilshommes de seize à vingt ans, et comme il dit ailleurs que « la lecture sert aux jeunes capitaines et supplée leur peu d'expérience, il est probable qu'il entendait comprendre les lettres et les sciences parmi les exercices constituant leur enseignement. — Il n'existait alors expressément que quatre charges de maréchal de France, puisque, en délivrant à Gaspard de Ta-

(1) *Vie de Gaspard de Tavannes*, t. II, p. 75.

(2) *Mémoires de Castelnau*, VII, 6.

(3) Treizième discours.

(4) *Poésies latines de Michel de l'Hospital*, liv. II, ép. 10, à Lancelot Carles, évêque de Riez. Il revient sur cette idée à la fin de la même épître, écrivant : « Ceux-là surtout combattent avec fruit qui n'ont pas dédaigné les enseignements de Minerve. »

vannes ses letres de nomination de maréchal (16 février 1571), le roi dit : « à la charge expresse que ledit état de maréchal de France demeurera supprimé, et le supprimons dès maintenant, après le décès dudit sieur de Tavannes, ou après l'avoir pourvu de l'un des quatre états de maréchal de France, si aucun vient à vaquer durant sa vie (1). »

Inventions. — L'esprit de découverte se porte principalement sur les applications de la poudre. On imagine un ressort d'horloge qui se déroule en un certain nombre d'heures, et, attaché à une pièce d'artifice, y met le feu : ces artifices sont destinés à incendier les magasins dans l'intérieur desquels on les jette (2). Le pétard dont nous avons déjà parlé (3), et qui sert à enfoncer les portes de ville, parut à cette époque. Il consistait en un petit mortier tronc-conique, chargé d'une quantité de poudre proportionnée à l'effet que l'on voulait produire (4), et enchâssé dans un épais carré de bois ; ce plateau, consolidé par des croisillons en fer, portait sur un de ses côtés un crochet au moyen duquel on l'appliquait contre la porte à rompre ; il suffisait pour cela d'enfoncer rapidement dans la porte un clou assez

(1) C'est ce dernier cas qui se présenta. Tavannes fut pourvu le 30 nov. 1671 de l'emploi du maréchal de Vieilleville décédé.

(2) *Vie de Gaspard de Tavannes*, t. II, p. 447. Jean de Tavannes s'en attribue l'invention ; mais Strada s'exprime nettement au sujet des brûlots imaginés en 1585 à Anvers par l'ingénieur italien Giambelli pour rompre le pont qui barrait l'Escaut et qu'Alexandre Farnèse avait fait construire. « Il se servit entre autres (pour y mettre le feu) de cette espèce d'horloges qui allument de nuit la chandelle, et servent de réveille-matin par un admirable et plaisant artifice. »

(3) V. plus haut, § XII de ce mémoire, p. 97.

(4) On comblait avec de la cire jaune le surplus de la contenance.

fort pour en supporter le poids. En se retirant, le courageux soldat chargé de cette mission, mettait le feu à une petite mèche disposée exprès dans la lumière du pétard, laquelle lumière se trouvait au centre de la culasse (1).

Simples curiosités. — Gaspard de Tavannes, attaché à la personne du duc d'Orléans, frère de Henri II, lui suggère les plus singuliers exercices, pour l'empêcher de s'efféminer, le faisant sauter dans les rues d'un toit à l'autre, l'habituant à mépriser les dames, l'excitant à dresser des embuscades et à tomber à main armée sur les passants ; exagérations bizarres qui nous font voir combien peu nos pères étaient civilisés, puisque ces faits excentriques se passaient au sein d'une cour galante et polie.

On disait alors « *faire* ou *entretenir la galantise* à l'accoutumée, » l'expression galantise signifiant escarmouche (2).

En arrivant à Peyrat (1568), l'armée protestante du midi manque d'eau et fait boire du vin à ses chevaux : beaucoup de soldats en firent tant avaler à ces pauvres bêtes, que le lendemain elles étaient ivres et ne purent servir (3).

L'Italien Margarini, sorti de la garde du Roi, conduisait, en 1570, le régiment de Strozzi, en qualité de *sergent-major ;* il faut entendre par là, par cette dénomination, le grade de capitaine-sergent-major qui dura longtemps encore et qui désignait le premier capitaine du régiment, et par conséquent le second officier du régiment puisqu'il n'existait alors ni lieutenant-colonel ni chef de bataillon.

(1) Le lecteur verra un dessin du pétard dans l'*Histoire de la milice française,* du P. Daniel, t. I, p. 588.

(2) Consultez p. 92 et 93 du t. I des *Mémoires du duc de la Force,* publiés par M. de La Grange.

(3) *Histoire des troubles et guerres civiles,* par Le Frère, 1584, t. I. p. 304.

CONCLUSION.

Dans les guerres de religion les protestants ont souvent le dessous, et, guerriers improvisés, trop longs à se rassembler, se laissent surprendre, montrent l'ignorance des règles de la guerre. C'est pourtant finalement moins un des deux partis, celui de la majorité de la nation, qui reste vainqueur, qu'une fusion des deux partis ayant Henri IV à sa tête comme roi catholique de la France.

Le fait qui ressort le mieux de ces longues et déplorables années de lutte, c'est que la nation s'aguerrit durant ces guerres civiles (1). Elle s'aguerrit au point que dès leurs dernières années on peut dire : « Le Français pour trois ans de guerre ne demandent qu'un mois de bon temps pour se remettre sous les armes (2). » Cette habitude de la guerre prépare le XVIIe siècle qui, après une seconde convulsion, la Fronde, deviendra le siècle des conquêtes et de l'agrandissement de la France.

Mais si véritablement la nation s'aguerrit pendant les luttes dont nous venons d'entretenir l'Académie, c'est-à-dire si elle apprend à mieux connaître la guerre et à la bien faire, il serait inexact d'en déduire qu'au début, en 1562, elle n'aimait point les combats. Ecoutez en effet Brantôme : « Rien, dit-il, de si brave et si superbe à voir qu'un gentil soldat

(1) Chacun, même dans les cloîtres, s'adonnait aux exercices militaires : Jacques Clément y excellait, l'archevêque d'Espignac et Bussy Leclerc passaient pour habiles à ce sujet.

(2) *Histoire vraie des troubles et guerres civiles*, par Jean Le Frère, de Laval, 1584, t. II, feuil. 526 au verso.

bien en point, bien leste ; soit qu'il marche à la tête d'une compagnie, soit qu'il se perde devant tous, à une escarmouche, à un combat, à un assaut, tirant son arquebuse, tout nu, désarmé, aussi résolûment que les mieux armés (1). » Cette phrase sent le cliquetis des armes et est à coup sûr une image du parti pris avec lequel des deux parts on courut aux armes en 1562, à ces armes qui en 1598 tombèrent des mains de beaucoup par lassitude.

(1) Brantôme, *Hommes illustres*, Montesquiou de Sainte-Colombe. N'oublions pas aussi le propos du maréchal de Biron à son fils, quand le duc de Parme est à Caudebec : « Il faut toujours labourer et cultiver la guerre, autrement les capitaines qui la laissent enfricher meurent de faim. »

TABLE.

Orléans. — Imp. Ernest Colas.

www.ingramcontent.com/pod-product-compliance
Lightning Source LLC
LaVergne TN
LVHW012015220826
846092LV00001B/357